引っ張るリーダーから支えるリーダーへ

サーバント リーダーシップ入門

THE PASSAGE TO SERVANT LEADERSHIP

資生堂相談役
池田 守男

神戸大学大学院経営学研究科教授
金井 壽宏

かんき出版

The Passage to Servant Leadership

刊行によせて

池田　守男

サーバント・リーダーシップの考え方にはじめて接したとき、これは私が生活信条としてきた「奉仕と献身」に通じるものだと直感した。そして、これこそ、当時、社長として取り組んでいた資生堂の経営改革を成功させるために、みずからが実践すべきことだと思った。

資生堂に入社して以来、秘書として5代の社長に仕え、「生涯一秘書」を自認していた私が、社長として改革をリードすることになった。考え抜いた末に、私にできることは、改革の原動力となる社員たちをサーバントとして支え、ゴールに導いていくことだと気づいた。それが最も私らしいリーダーシップのあり方ではないかと。

私は学者ではないので、サーバント・リーダーシップとはこういうものだと理論立てて説明することはできないが、その精神は聖書の一節にある「与ふるは受くるよりも幸ひなり」に凝縮されていると思っている。与えられることよりも与えること、愛されることよりも愛すること、尽くされることよりも尽くすこと、に大きな喜びを感じられること。これこそ、人間本来の生き方ではないか。その実践においては、サーバント（奉仕）の精神が不可欠である。

今回、金井壽宏さんからサーバント・リーダーシップに関する著書を一緒にまとめないかというお話をいただき、お引き受けしたのは、私が社長としての使命を果たすうえで根底に置いた考え方が、会社や組織におけるリーダーシップのひとつのあり方として、多くの方々の参考になれば大変ありがたいと思ったからだ。同時に、金井さんがサーバント・リーダーシップについて、専門家の立場からわかりやすく解説してくだされば、より多くの人にサーバント・リーダーシップの考え方を知っていただけると思ったからである。

私は、今の日本には「与えられる」ことに慣れすぎて、「与える」気持ちを忘れた人が増えているのではないかと危惧している。サーバント・リーダーとして振る舞う人があちらこちらに出現するようになれば、隣人愛に支えられた社会を築けるはずだ――そうした希望を私は持っている。

そのために、私の経験が少しでもお役に立てば、望外の喜びである。

金井　壽宏

愛する人ができたときのことを考えてほしい。心惹かれる人。片想いかもしれない。最初は、むしろそういうものだろう。でも、あなたはその人のことを、ごく自然に大切にしたいと思うだろう。そして、何よりも、その人のことをもっとよく知りたいと思うはずだ。

その人のことが少しずつわかってきたら、その人が喜びそうな何かをしたいという気になるかもしれない。「奉仕」という言葉がピンとこなくても、その人がそうされるとうれしいと感じられるようなことで、自分なりに尽くしたいと思うだろう。そういう気持ちや行動が相手に通じたときに、その人は、はじめてあなたのほうを振り向いてくれる。そして振り向くだけでなく、あなたに喜んでついてくるようになるだろう。

はじめてサーバント・リーダーシップという言葉とその考えに触れたとき、これは高尚すぎて学ぶのが難しそうだなぁと思った。でも、愛する人に対しては、心ある人ならだれでもできていることだと気づいたときに、この実践哲学が自分に少しは近いもののように思えるようになった。

　相手に奉仕すること、尽くすことを通じて、相手を導いていく。当然、導くからには自分なりの考え、哲学、想い、ミッションがいる。独身の方なら恋人のことを、既婚者で子どものいる人なら娘、息子のことを考えてみてほしい。その人に尽くすことで、喜んで自分についてきてくれるようになったら、幸せなことではないか。

　リーダーシップと奉仕という姿勢を結びつけるアイデアは、めずらしいものだったかもしれない。ぐいぐい人を引っ張るのが強力なリーダーだと長らく思い込まされてきたから。

　奉仕型のリーダーのあり方をわかりやすく伝えたいと思っていたときに、資生堂の池田守男さんと、社長のとき、会長のとき、また相談役になられてからもお会いすることができたのは、幸せなことであった。

　そういう生き方がごく自然にできる方とコラボレーションしなければ、1冊目のサーバント・リーダーシップの本は、けっして書けないと思っていたから。

　この本を池田さんとともに著せたことに、大きな感謝。

はじめに

リーダーシップをだれかに感じるのは、どういうときだろうか。

怖いと思ってついていくとき、それは強制力ではあってもリーダーシップではない。スピード違反をして警察官から「免許証出して」と言われ、それに従うときに、その警察官にリーダーシップは感じないはずだ。

あるいは、会社で課長や部長の言うことを聞くときに、「この人が自分の評価をしているし、予算も握っている。理不尽な命令だけど、言うことをきかないとえらい目にあうだろうな」というのが理由なら、それはただの「管理」であってリーダーシップではない（しかも、あまりいい管理ではない）。子どもが親の言うことを聞くときも、「お小遣いが欲しいから」とか、「親に嫌われて放り出されたら困るから」というのが理由なら、その家庭に親の純粋なリーダーシップはない。

しかし、強制力でも、権限・予算でも小遣いでもなく、その人の言動に共感できるものがあって、その言動のもとにある「大きな絵」や「志」や「夢」を実現するために、その人についていく人が徐々にでも出てきたとしよう。そのようなときに、われわれは言葉の真の意味で、「そこにリーダーシップ現象が生まれた」と言う。フォロワーが喜んでついていくようになっているかどうかが、リーダーシップの試金石なのだ。

それでは、どういう人なら、われわれは喜んでついていくのだろうか。有能だからついていくこともあるだろうが、冷徹な面もある人だったら喜んでついていくとは限らない。つまるところ、われわれは、本当に信頼できる人でなければ、喜んでついていきはしない。その信頼の中身が、誠実さだったり、優しさだったり、場面によっては有能さだったりする。それでは、どういう人であれば心から信頼できるのか。それは、自分のことを本心から思ってくれる人だろう。自分に尽くしてくれる人のためになら、人は喜んでついていくのではないだろうか。

もしも、人に尽くす人のことを「サーバント」（サーブ、すなわち奉仕する、尽くす）と呼ぶとしたら、使う言葉としてはドキッとするかもしれないが、サーバントこそがよりよいリーダーになるという発想が、ここから生まれる。

多くの人が、サーバント・リーダーという言葉をはじめて耳にしたとき驚く。なぜなら、リーダーは部下を引き連れる人だと思いがちなので、部下の側がリーダーを盛り立てているというふうに勘違いしているからだ。

フォロワーがリーダーに尽くすためにいるのか、それとも、リーダーこそフォロワーに尽くすためにいるのか。どちらがしっくりくるだろうか。

別の問い方をしよう。社員が手下として社長に尽くすためにいるのか、それとも社長が、自分が抱くビジョンやミッションの実現に向かって努力する社員たちに尽くすためにいるのか。

サーバント・リーダーという言葉は、最初はしっくりこないかもしれないが、あるべきリーダー像のひとつだ。そう考えて、元AT&T（American Telephone and Telegraph アメリカ電話電信会社）のロバート・K・グリーンリーフは、サーバント・リーダーシップという考え方を提唱した。

私はこの考え方にかなり前から興味を持ち、講演や研修の場で機会あるごとに紹介してきた。だが、サーバント・リーダーシップについての書籍をまとめる機会をなかなか持てなかった。時間不足だったからではない。こういうリーダーのあり方は、しっかりした実例なしには、説得力をもって書けないと感じたからだ。

そんなときに、資生堂の池田守男さんと知り合うことができ、社長、会長、相談役の時代を通じて何度となくお話を聞かせていただく機会を持てたのは、じつに幸運なことであった。神戸大学でのトップマネジメント講座で特別講義をお願いしたり、「ビジネス・インサイト」という雑誌で対談をさせていただいたりするなかで、池田さんがそれまで実践してこられた「奉仕の心」を基盤にした生き方に、サーバント・リーダーと共通するものを多く見出すことができた。それに加えて、関西生産性本部の國頭貫也さんのご尽力で実現した公開の場でのインタビューを経て、私は池田さんとなら、サーバント・リーダーシップについて意味のある本が書けるのではないかと思うようになっていた。

その思いを池田さんにお伝えしたところ、金井が理論面を補足するのであれば、自分のサーバント・リーダー経験をまとめてみたいと賛同してくださった。こうして本書は世に出ることになったのである。本書をまとめるにあたって協力をいただいた鎌田淳司さん、木村昭子さん、そしてこの出版のきっかけをつくってくださった國頭さんに冒頭に謝意を記させていただきたい。

本書の構成について、簡単に紹介しておく。

第1章は金井が担当し、リーダーシップをどのようにとらえればよいかを議論したあと、ロバート・グリーンリーフが提唱するサーバント・リーダーシップの考え方を、彼がそう考えるに至った経緯を踏まえながら解説していく。いわば理論入門編だが、ある意味でとらえにくいサーバント・リーダーシップの考え方を、できるだけ身近なものとしてとらえられるように、平易に解説することを心がけた。

第2章は池田さんの手による実践編であり、資生堂の経営改革にサーバント・リーダーとして取り組んだ経緯を、当時の思いを含め、振り返っていただいた。

第3章は、池田さんと私の対談で構成した。池田さんのサーバント・リーダーシップに対する思いをさらに掘り下げてうかがうと同時に、サーバント・リーダーシップの考え方を社会や国家というフィールドで、あるいは日々の生活において、どのように活かしていくべきかを考えることができたと思っている。

そして第4章は、池田さんの事例からわれわれが学べること、ミニ版のサーバント・リーダーになる機会等について、金井が解説している。池田さんほどハイレベルではなくても、たとえばミドル・マネジャーがサーバント・リーダーシップを試したいと思ったら、ミニ版にぜひチャレンジしていただきたい。

本書がきっかけになって、池田さんが賛同され実践されてきたサーバント・リーダーシップが、この国でも多くの人に理解され、広まることを期待している。

２００７年10月

金井　壽宏

サーバント・リーダーシップ入門

目次

刊行によせて
はじめに —— 金井壽宏

I

What is Servant Leadership?

サーバント・リーダーシップとは何か

1　リーダーシップに対する幻想と誤解 —— 20
リーダーシップはどこにある？
偉人だけのものにあらず
自然な振る舞いがリーダーシップになるとき
リーダーシップとマネジメントの影響力は別もの
あなたになら、ついていきたい

2　リーダーシップはフォロワーによって認められる —— 35
フォロワーの頭や心のなかにリーダーシップはある
リーダーシップは「場」にある
経験によって備わる「持ち味」もかかわってくる

信頼できるかどうか
上司と部下、だれがだれのために存在するのか
使命を果たすべく部下を後押しする
3 ロバート・K・グリーンリーフの「サーバント・リーダーシップ」――52
ミッションの名の下にフォロワーに奉仕する
着想のきっかけ
奉仕と指導、2つの役割
サーバント・リーダーシップの定義
4 サーバント・リーダーの特徴と誤った解釈――71
生まれつきのものではなく、身につけられるもの
サーバント・リーダーの萌芽
ただ支えるだけなら召使い
リーダーシップのスタイルではなくてひとつの基本哲学

II サーバント・リーダーの経営改革

The servant leader's organizational transformation

1 サーバント・リーダーシップを生き方の基本姿勢に――90
サーバントに徹する気持ちが「公」の精神を生む
大きなビジョン、ミッションがあってこそのリーダーシップ

2 資生堂が目指した「店頭基点」の経営改革――95
「生涯一秘書」から社長へ
「初心に帰る」は「店頭に帰る」こと
逆ピラミッド型組織の発想

3 逆ピラミッド型の組織で店頭が、そして社員が変わる――107
全店舗を対象にＰＯＳ導入を進める
時代に合わなくなった商習慣からの脱却
１００のブランドを30に絞り込む

4 サーバント・リーダーシップ理論との出会いと社内への浸透――115
サーバントとして部下を支え、やる気を引き出す

現場の意見を吸い上げてフィードバックする
上司を見るな、お客さまのほうを向こう

5 私が考えるサーバント・リーダーの条件 —— 124
使命感をもって仕事に臨む
「与ふるは受くるよりも幸ひなり」
ギブ＆テイクではなくギブ＆ギブに

6 『武士道』に「接ぎ木」の精神を学ぶ —— 129
宗教心が芽生えた原体験
西洋文化への憧憬
多様な価値観を受け入れて融合させる
すべては「出会い」がもたらしてくれた

7 「奉仕と献身」の精神を経営に生かす —— 137
創業の精神に新しいマーケティングを「接ぎ木」する
「買い手よし、世間よし、売り手よし」の商いの心
多様性の尊重と互助・互恵の精神
社員が能力を発揮しやすい環境をつくりあげる

III

Servant Leadership and Sense of Mission.

サーバント・リーダーシップと使命感

1　企業のなかでのサーバント・リーダーシップ――146
逆ピラミッド型組織は「型」、サーバント・リーダーシップはその「精神」
サーバント・リーダーシップを組織に広める
時代を越えて受け継がれるスピリット
自然体としてのサーバント・リーダーシップ
仕事に使命感と誇りを持つ

2　社会のなかでのサーバント・リーダーシップ――166
「公」の精神を取り戻さなければならない
成長のプロセスにおいて必要な使命感と思いやりの心
今の日本にパブリック・サーバントは存在するか

3　日常生活のなかでのサーバント・リーダーシップ――178
身近なところにもサーバント・リーダーはいる
親と教職員は子どものサーバントに徹するべき
つねに他人に配慮できる人間たれ

Ⅳ ミッションで支えて組織と人を動かす

Running the people in and around the organization through the mission

1 池田守男さんのリーダーシップから学ぶべきこと —— 192

無理のないリーダーシップであるべき

現場をエンパワーする

使命感を持つ

ぶれずにやり遂げる

まずはミニ版のサーバント・リーダーを目指そう

リーダーシップは全方位に影響力を発揮する

2 どんな経験によってサーバント・リーダーへと育っていくのか —— 208

うまく「上たらし」をしながら上下に影響力を振るう

次の世代の役に立ちたいという想い

「踊る大捜査線」の和久指導員に見るサーバント・リーダーのあり方

ミドル・マネジャーがサーバント・リーダーになるとき

3 サーバント・リーダーシップの表現型はいろいろ —— 219

リヤカーを後ろから押すように

ときには先頭に立ってリードする
トランスフォーメーショナル・リーダーとしてみんなを巻き込む
社会を支えるパブリック・サーバント
スタッフ部門に必要なサーバント・リーダーシップ
「われわれ感情」を引き出すリーダーシップ

4

〈ミニ版〉サーバント・リーダー入門――233
応用分野は広い
だれでもサーバント・リーダーになれる
試しやすいシチュエーション
ささやかでも真剣になれることから始めよう

サーバント・リーダーシップについてもっと知りたい人のために

おわりに――池田守男

写真◉提供　日本CHO協会
◉撮影　永井　浩

I サーバント・リーダーシップとは何か

What is " Servant Leadership"?

1 リーダーシップに対する幻想と誤解

リーダーシップはどこにある？

リーダーシップとは何か。力づくで人に動いてもらうのとどう違うのか。サーバント・リーダーシップという新しい微妙な考え方をどうとらえるのがいいのか。本章では、これらについて考えていきたい。まずリーダーシップに関する、よくある誤解を正すことから始めてみよう。

素直な心で見れば、リーダーシップはとてもシンプルな現象である。信じてついていってもいいと思える人に、フォロワーたちが喜んでついていっている状態がリーダーシップという社会現象であり、そのように信じられる人に備わっているものが、その人に帰属されるリーダーシップの持ち味（パーソナル・アセッツ——パーソナリティや能力、価値観、エネルギー水準などを含む）である。

だから、リーダーシップのカギとなる言葉をひとつだけ挙げるとしたら、「その人を信じられるかどうか」になるだろう。つまりは「信頼」。信頼できる人なら、人はついていく。では、どういう人であれば信頼してついていくかというと、フォロワーのためを思ってくれる人だ。リーダーがフォロワーに尽くしてくれる、奉仕してくれると感じられるときに、フォロワーは心の底からリーダーを信頼してついていくのである。

本書で紹介し、広めたいと思っているサーバント・リーダーシップという考えは、そういう素朴な関係性に立脚するものだ。リーダーの側がフォロワーに尽くす、奉仕するというと、突飛な考えのように思われるかもしれないが、人は信頼できる相手ならついていく気になるし、そういう人はつねに、ついてくる（かもしれない）みんなのことを大切に思ってくれていると考えるのは、そう突飛なことではないし、大げさでもない。

本物のサーバントに徹することによって、逆説的なことに、人はついてきてくれる。最初から、強引に引っ張ろうとしたら、意に反してだれもついてこないか、怖がってついてくる人がいても、後ろを振り向くとだれもついてきていないということになりかねない。話をわざと難しくしているわけではないのだが、リーダーシップへの理解を深め、サーバント・リーダーシップの話につなげていくために、この辺の機微についてもう少しお付き合いいただきたい。リーダーシップとは何なのか。力ずくで人を動かすことと、どこがどう違うのか。

リーダーシップそのものはワクワクするような動きあるプロセスなのに、だれかの静態的な個人特性として定義するのは難しいし、そうしようとすると矛盾をはらんでしまう。ダイナミックなプロセスを固定的な言葉で定義することには、どうしても無理があるのだ。

社会心理学者によるリーダーシップに関する定義では、「影響力」という言葉が使われることが多い。リーダーシップとは、社会的な（あるいは対人関係における）影響力の一形態だというわけだ。「社会的な」とか「対人関係における」と限定する理由は、社会や組織のなかには、それ以外にも影響力の源泉があるからだ。社会では、たとえばマスコミの報道、組織のなかでは、組織文化や社風、業績評価システムやそれと報酬システムとのつながり方などが人々の行動に影響を与える。

また、影響力の「一形態」というのは、社会的（対人関係的）に人に影響するもののなかには、暴力などの物理的な制裁力も入るので、それらとは異なる自発的な動きを生み出すものというニュアンスを伝えるためだ。

したがって社会心理学的に理屈っぽく言えば、「リーダーシップとは、フォロワーが目的に向かって自発的に動き出すのに影響を与えるプロセスである」ということになる。

では、どうやってそのような影響力を発揮するのかというと、やり方は人それぞれでい い。人との接し方、付き合い方がさまざまなように、リーダーシップのスタイルも人によって異なり、最終的には当人の言動のさらに根っこにある性格や価値観、人生観といったものに根ざすことになる。だから、これがどこでも通用するリーダーシップの決定版だなどと簡単に断定することはできない。そのために、リーダーシップやリーダーに対しては多種多様な解釈がなされ、幻想や誤解も生まれやすくなる。

偉人だけのものにあらず

これまでの通説では、たとえば、リーダーは「ぐいぐい引っ張る人」というイメージが強かった。そういう考え方の代表格に、「リーダーとはすなわちカリスマである」とする見解がある。

日本人はリーダーについて何かを語るとき、モデルとして織田信長、豊臣秀吉、徳川家康などの戦国武将や、西郷隆盛、坂本竜馬といった明治維新の志士を挙げることが多い。リーダー像としてイメージしやすいからだろうが、それが、リーダーになる者には一般人とは異なるカリスマ性があるという幻想を生み出した。それゆえ産業界のリーダーについても、渋沢栄一はもとより松下幸之助、本田宗一郎、盛田昭夫といった、創業者でかつカリスマ性を持った経営者に立派なリーダーの姿を求めてしまう。

日本に限らず、海外で優れたリーダーに挙げられる人物も、アメリカ大統領のエイブラハム・リンカーンやジョン・F・ケネディ、公民権運動を主導したキング牧師、イギリスのウィンストン・チャーチル、インドのマハトマ・ガンジー、中国の毛沢東など、偉人と呼ばれる人が多い。

たしかに彼らには強力なリーダーシップがあったとみなされてきた。そのリーダーシップで社会を動かし、歴史に名を残した。しかし、彼らは偉人だったからリーダーシップを発揮できたのではない。強力なリーダーシップを発揮できたから偉人になったのだ。人々がその実現を望むような社会の大きなビジョンを描き、それをみんなに語り、実現するために率先して行動した。共感した多くの人々が自らの意志でその行動に従ったからこそ、目標を達成することができ、偉人と称されるようになったのである。

つぶさに調べることができたなら、これらの人々のなかにも、自分が信じるミッションに貢献している限りは、部下やフォロワーを支え、彼らに尽くし、奉仕したリーダーがいたかもしれない。あるいは、奉仕型のリーダーとして振る舞った局面があったかもしれない。ガンジーやキング牧師には、間違いなくそういう側面があっただろう。

偉人だったからリーダーシップを発揮できたのではなく、強力なリーダーシップを発揮できたから偉人になったという点を忘れてはいけない。リーダーになれたのは神の恩寵ともいうべきカリスマ性がもともとあったからだとか、偉人になれそうにない普通の人がリーダーになることは難しいなどと決めつけてしまうのは、とても残念なことだ。現実には、偉人でもカリスマでもないが、周りの人々から慕われる立派なリーダーはいくらでもいるはずだから。

自然な振る舞いがリーダーシップになるとき

私は、企業のミドル層を対象に講演や研修を行うとき、いつも冒頭で「みなさんは、自分にリーダーシップがあると思いますか？」と尋ねる。すぐに手を挙げる人は、まずいない。こう尋ねる前にひとりか2人でも、並外れた経営者の話、歴史に名を残した人物の話をしていると、なおさら手を挙げにくくなる。そこで「ちょっぴりならリーダーシップがあると思う人は？」と聞き直すと、いっせいに手が挙がる。

これはミドルたちが、私の最初の質問に対して、リーダーシップの持ち主として偉人たちを思い描き、自分を同列に扱うのはおこがましいと考えるからだ。とはいえ、ミドルになって部下も何人かいるから、リーダーシップがまったくないというのも恥ずかしい。少しはあると思いたい。そういう気持ちが、2回目の質問でほぼ全員が挙手というシーンにつながるのだろう。

リーダーシップはけっして特別な能力ではないし、偉人たちの専売特許でもない。また、リーダーシップは、リーダーとフォロワーの間のダイナミックな相互作用から帰属される社会現象であるので、「リーダーシップを持っている」というように、持ち物のように扱うのも間違いだ。

リーダーシップは、だれもが場面によっては発揮しうるものなのである。たとえば、こういうシーンを思い浮かべてほしい。

公園で4~5人の子どもたちが何やら相談している。何をして遊ぼうか、話し合っている様子だ。やがてひとりの子が、最近よそで覚えたカン蹴りをしようと言い出した。ほかの子はカン蹴りがどんな遊びなのか知らない。そこで提案した子がみんなに遊び方を説明し、カン蹴りが始まる。そうしてみんなが楽しい時間を過ごせたとしたら、カン蹴りを提案した子はほかの子どもたちに対して、ささやかながらも純粋なリーダーシップを発揮したといえるだろう。

その提案をした子どもが、ほかの子どもたちを評価するわけではないし、人事権を持っているわけでもない。また、カン蹴りを実施するための予算を握っているわけでもない。だからこそ、会社のなかで権限や予算を持っている部長や課長が部下に動いてもらう場面よりも、いっそう純然たるリーダーシップの出現が見られるのである。

高校生ぐらいになると、自分で新しいゲームをつくってしまう生徒がいたりする。私の母校では、国語の先生の名前をもじった「チャタニカード」なるゲームを発明した友だちがいた。ほかの生徒には思いもよらないオリジナルなカードゲームを思いつき、それをおもしろそうだと思ってついてくる同級生がいたら、この発案者は級長や委員長でなくても、そのゲームの普及という点でクラス内・学年内でリーダーシップをとったことになる。

あるいは、大学4年生の春休みに、それまで何度かひとりで海外旅行に行ったことのある大学生が、まだ一度も行ったことのない友人たちを案内して卒業旅行にでかけるようなケースを考えてみよう。

結果的に案内役となった学生は、自分が卒業するまでにもう一度海外旅行をしようと計画を立て、その話を友人たちに聞かせた。すると友人たちが、それはおもしろそうだし、おまえだったら信頼できるから、ぼくたちも連れていってほしいとついてきたのである。ほかの学生に命じて旅行についてこさせたわけではない。

その学生は旅行の間、みんなの健康と安全に終始気を配り、みんなが楽しめるように配慮した。そのおかげで、ついていった友人たちにとって、思い出深い旅行になったとしたら、その案内役もささやかなリーダーシップを発揮したことになる。

カン蹴りの誘い、カードゲームの普及、グループでの海外旅行。これらは、いずれもささやかだが、自然かつ素朴なリーダーシップ現象の出現があることを物語っている。

このように、人が集まって何かをしようとするとき、だれかがごく自然な振る舞いで、共通の目的を達成するためにみんなの行動をまとめたり、進む方向を示したりする。そのような行為は、すべてリーダーシップにかかわるものだが、普通の人が特別に意識することもなくその能力を発揮することさえある。

もちろん、自然体で振る舞いつつ、結果において大勢の人を巻き込み、大きなことを成し遂げるような人もいる。大きな成果をねらうあまりゴリ押しをして、最後はだれもついてこなくなって不発に終わる人もいる。リーダーシップは人を動かすものだが、人為的なものではないのである。

リーダーシップとマネジメントの影響力は別もの

リーダーシップに対する幻想のもうひとつは、リーダーシップが何がしかの地位や権限に伴うものだと考えることだ。これは幻想というよりも、リーダーシップが企業社会のなかで、組織論の文脈で語られることが多かったために生じた誤解である。

管理職になってしばらくして、職制上もライン長になって大勢の部下を持つようになると、ほとんどの人が、人を動かすことがいかに大変か気づくようになる。管理システム、予算制度、評価などが煩わしく、管理職にならないほうがよかったと考える人も出てくる。

ロンドン・ビジネス・スクールのロブ・ゴーフィー教授は、イギリスで管理職になりたがらない人が多く出始めたときに、そういう管理職本人とその配偶者を調査して『リラクタント・マネジャー』(邦訳書なし)という本を書いた。この書名は、「いやいやマネジャーをやっている人」という意味だ。日本にも、そういう人が大勢いるように思われる。

たしかに、人の管理のためにペーパーワークをするのは、面倒なことではある。しかし、管理職の立場をよく考えてみると、管理のための仕組みがあり、予算を持ち、部下の評価権(部分的には人事権)があるので、部下も言うことを聞いてくれるという側面がある。いやだいやだと言いつつも、システムのお世話になっている面もあるのだ。このような制度、仕組みに依拠し、他の人々を通じて事を成し遂げる(getting things done through others)のが「マネジメント」である。

だから、部下を持つ管理職以上になると、マネジメントによって、つまり自分の描く絵や自分の人間的魅力ではなく、管理の仕組みを通じて部下を動かしているにもかかわらず、リーダーシップという影響力を発揮して部下がついてきてくれているかのごとく勘違いする人が出てくる。考課で悪い点をつけられたくないから、自分が使える予算を減らされたくないからという理由で、上司の言うとおりにいやいや部下が動くのと、リーダーシップによって部下が自発的に動くのとでは違いがある。

上司が描く絵が実現するとうれしいと心から思うから、この人についていけばそれが実現できそうだと展望できるから、この人は自分たちのことを思ってくれていると感じるから、厳しそうでもその人に喜んでついていく。それがリーダーシップの本来の姿である。

だからこそリーダーシップは、ダイナミックなプロセスだととらえるのがいい。上司が語ること、行動すること、部下がそれを聞くこと、見ること、その相互のやりとりのなかからダイナミックに生まれてくるのがリーダーシップ現象である。

そういう意味では、会社で部長が肩書きを頼りに会議を仕切っている場面よりも、公園で子どもが遊びを自然体で仕切っている場面のほうが、より純然たるリーダーシップに近いといえる。リーダーシップは本来的には、任命されたり、あるいは選挙などで与えられるものではなく、リーダーと潜在的フォロワーの間で、やりとりのなかから自然発生的に生まれてくるものなのだ。

別の言い方をするならば、立場上リーダーシップを発揮する職位に任命されたリーダーや、選挙で選ばれたリーダーは、なんの肩書きも職位もないのに人がついてくる自然発生的なリーダー（emergent leader）に比べると、純然たるリーダーシップ以外の不純物が、その影響力のなかに混じっている。たとえば、ボーナスや昇進の判断を部長や課長に期待する社員への影響力は、純然たるリーダーシップの影響力ではなく、仕組みがもたらす影響力にすぎない。

ただし、誤解がないように言っておくが、地位と権限を使って影響力を行使しようとすること自体は、けっして悪いことではない。評価システム、予算制度などの管理システムや人事権は、管理職が管理を行いやすくするための手だてだからだ。困るのは、それでもって自分についてくる部下を見て、自分にはリーダーシップがあると勘違いすることだ。現実には、そういう人がかなりいる。

ある自動車メーカーで、常務をしていたときは、正月になると自宅に、大勢の部下たちが年始の挨拶にやってきたのに、役員を退くとだれも来なくなったという人がいた。これは、職位の威光で人が来ていただけで、その人の人間的魅力やリーダーシップに動かされて来ていたわけではないという典型例だ。

役員までいかなくても管理職一般を見渡すと、いわゆるアメとムチで、自分の言うとおりにすればよいポストに就けてやるとか、従わなければ冷や飯を食わせるぞといったことを暗に示し、部下を強引に従わせようとしたり、不適切な動機づけを行ったりするといったタイプの課長や部長は、どの会社にもいるだろう。そこまで露骨ではなくても、素直に従って目標達成に貢献した者に「論功行賞」で報いるということは、どのような組織であれ行われている。それが組織に均一な動きを生み出す側面もあるので一概に否定すべきではないが、本人がそれをリーダーシップだと思い込んでしまうのは大きな間違いである。

言葉の遊びではないかという批判を受けつつも、機能において（呼称ではなく）リーダーとマネジャーは違うという議論が、にわかに説得力を持つようになってきている。その種の議論は、こういう勘違いに警鐘を鳴らすためになされているのだ。

最も、こうした誤解や勘違いを生んでしまう責任の一端は、評価、ボーナス査定、予算配分などにつられて、そういう人についていく部下の未成熟さにもある。もしも、地位や肩書きだけで男性を評価して、人間的魅力や夢などは何も考えずについていく女性がいたら、そこに純粋な愛がないのと同じことだ。

思えば、リーダーシップも恋愛も、ダイナミックなプロセスである点では似通っている。だから、自分にはリーダーシップがあると勘違いするのと同じように、私はモテると勘違いする管理職や経営者も後を絶たない。

このように勘違いが多いのが、リーダーシップというアイデアの特徴かもしれない。「管理」ということに惹かれる人は少ないが、リーダーシップというと、そこに何か「いいもの」を感じ、憧れを持つ人は多い。それだけに、勘違いも多くなるのだ。

あなたにならついていきたい

本書で紹介するサーバント・リーダーシップもまた、多くの勘違いや誤解を生み出しかねない考え方である。サーバントという言葉を「奉仕する人」「尽くす人」と考えればよいが、「従者」や「召使い」と訳してしまうと、だれがそういう人を「リーダーたるにふさわしい」と考えるのかと疑問に思ってしまうだろう。しかし、フォロワーに自発的についてきてもらおうと思ったら、リーダーがフォロワーに尽くすほうがよいのである。

ただし、誤解されないようにあとでもくわしく述べるが、サーバントになるということは、下手に出て召使いのように振る舞うことではけっしてない。なんでもいいから相手に尽くすというのでもない。「ミッション（使命）の名の下に奉仕者となる」という高貴な面が、非常に重要なのだと私は思っている。

リーダーたる人物が深く信じているミッションに共感して、その実現のために動き出す人をリーダーは支え、そういう人が困ったときには支援して、ミッション実現の行動に対して奉仕する。サーバント・リーダーの行動は、ミッションなしにはありえないのである。リーダーが「おまえ、ついてきていいよ」とフォロワーを認めるのではなく、フォロワーが「あなたなら、ついていきたいよ」とリーダーのことを認める。これがサーバント・リーダーシップに限らず、自然発生的な、最も素朴で純粋なリーダーシップの基盤にある考えだ。

フォロワーが認めるからリーダーシップが生まれるという点を、次に見ていこう。

2

リーダーシップはフォロワーによって認められる

フォロワーの頭や心のなかにリーダーシップはある

地位や肩書きによる管理の世界では、部下を部下と認め、その業績を評価するのは管理する側の人間だ。しかし、リーダーシップで人が動く場合、潜在的なリーダーを本当にリーダーだと認めるのは、フォロワーの側だ。

これもやや逆説的に聞こえるかもしれないが、だれがリーダーなのかを決めているのは、フォロワーだ。グループとしての成果がうまく上がっているのは、そのリーダーのおかげだと大半のフォロワーたちが認めたときに、はじめてリーダーとして受け容れられ、その場にリーダーシップ現象が生まれるようになる。

リーダーがフォロワーのために尽くすときには、そのような現象が生じやすくなる。リーダーを目指すからリーダーになるのではない。日本で独自のリーダーシップ育成プログラムを実施しているNPO法人、ISLの理事長を務める野田智義氏によれば、目指してリーダーになるのではなく、志を追求したら結果においてリーダーになるという点がミソだ。みんなのことを思ってミッションと夢を持ち、それを実現するために周りの人たちに尽くすから、結果においてリーダーになっていくのである。

リーダーとは、潜在的にフォロワーからリーダーシップを帰属される可能性のある人物である。

リーダーたる人物について語りたいなら、マハトマ・ガンジーならガンジー本人について語ればよいし、ジョン・レノンならジョン本人、星野仙一なら星野さん本人について語れば事足りる。

しかし、喜んでついてくるフォロワーがひとりもいなければ、いくら本人がリーダーのつもりでいても、リーダーシップ現象はそこにはない。リーダーシップ現象がそこに生まれるとしたら、フォロワーの大半が後についてき始めてからのことだ。大半という意味は、反対する人、ついてこない人もいるだろうからである。

もっと正確に言えば、最初はだれもついてこなくても、徐々についてくる人が増えていき、ある一定の比率以上の人々（クリティカル・マスを超える人々）がついてくるようになったときに、リーダーシップは出現することになる。その意味で、リーダーたる人物はリーダーその人にほかならないが、リーダーシップはリーダーの頭のなかにあるのではなく、ついてくると決めたフォロワーたちの頭や心のなかにあるものなのだ。

その人の描く絵が実現したらうれしいと思うから、フォロワーとしてついてくる人が出てくる。ガンジーが「塩の行進」をしたとき、ジョンが"War is over"と言ったとき、星野監督が「オリンピックで金メダルを目指す」と言ったときに、それを信じるかどうか、そしてついていくかどうかは、フォロワー次第なのである。

ガンジーがイギリスからのインドの独立を夢見たとき、それは、ほかの人には見えていないビジョンを見たのである。その手始めとして、イギリス人が人間にとって肝心なものである塩を独占してしまっているので、インド人の手で塩をつくろうと呼びかけた。それでも、最初はみんな、そんなことは無理だと思っただろう。しかし、ガンジーが海に向かって歩き始めると、自分たちも塩をつくれるのではないか、つくりたいと願う人たちが徐々に増えていき、大行進となったのである。

野田智義さんの表現を借りるなら、ガンジーもジョンも星野さんも、最初はまだフォロワーには「見えないものを見ている」段階がある。インドの独立（ガンジーの場合）も、国境も戦争もない世界（ジョン・レノンの場合）も、日本代表チームの金メダル（星野さんの場合）も、ＩＳＬという前例のないリーダーシップ塾の創設（野田さんの場合）も、「それは無理でしょ」で片づけられてだれもついてこなかったら、そこに社会的プロセスとしてのリーダーシップは存在しない。

しかし、「塩の生産をイギリス人まかせにしないで、海まで行って自分たちでつくろう」という言葉に共感し、喜んでついていく人が大勢列を成すに至ったとき、そこには磁場のような、共振しあう影響力の波が生まれている。そうなるのはインド国民が、ガンジーが見ているものと同じものを見てその実現を願い、彼をリーダーとして認めたからである。

アカデミー賞に輝いたリチャード・アッテンボロー監督の『ガンジー』をぜひ観てほしい。塩の行進の場面のみならず、リーダーシップの自然発生が垣間見られる多くの場面に、気づくことだろう。

旅や行進の水先案内人は、サーバント的である。このことは、リーダーのほうが実はサーバントだという考えをすでに予期している。それはフォロワー、潜在的フォロワーたちについてきてもらうために、媚びることでも、へつらうことでもない。その磁場には、リーダーによって提示されたミッションや熱い想いが必ず存在している。

リーダーが描く世界がとてつもなく現状からかけ離れているため、始めのうちはフォロワーたちには、それが実現可能には見えない。しかし、この人についていったら実現するかもしれないと思える〝何か〟をリーダーが持っていると感じさせる機会に繰り返し遭遇すれば、リーダーしか見えなかったものが、おぼろげながらフォロワーにも見えてくる。そういうイマジネーションをしっかり描いて、語る必要がある。この〝何か〟とは、大きな使命（ミッション）であり、大きな絵（ビジョン）である。

リーダーシップは「場」にある

だが、よくよく考えてみれば、この人ならついていってもよいとフォロワーが思うようになるきっかけは、大本のリーダーたる人物の言動や発想にあるはずだ。リーダーが発する何かがあり、それを見たり、受け止めたりしたフォロワーが共感し、リーダーを信頼してついていくというプロセスが生じる。実際にうまく事が運び出すと、ますますリーダーのおかげだと思っていく。このダイナミックなプロセスは、リーダーとフォロワーの間のキャッチボールだとも言える。

したがって、リーダーシップはどこにあるのかという問いに対しては、「大半のフォロワーの頭のなかにある」という答えがあると同時に、「相互接触するリーダーとフォロワーたちの間にある」ということにもなるだろう。共振する磁場のようなものを思い浮かべるのが好きな人なら、「リーダーシップは場にある」というイメージさえ成り立つ。このようなリーダーシップ観は、ダイナミック（動態的）で、インタラクティブ（相互作用的）な見方となることがわかるだろう。

こんなふうに考えると、リーダーシップは、リーダーになりたいという気持ちが見え見えで、ギラギラしていて、自分のことしか考えていないのではないかと思えるような人には望みがたい。ペンシルバニア大学のロバート・H・ハウス教授は、リーダーは人を引っ張っていくことになる人物だから、やはりパワー動機（power motive＝勢力動機、支配動機とも訳される）がいるだろうと指摘してきた。

けれども、パワー動機はあふれていても、結局は不祥事で終わったリーダーも多い。たとえば、リチャード・ニクソンや田中角栄だ。政治の世界だけではない、エンロンのケネス・レイや三越の岡田茂。こういう人物は、上り調子のときにはパワフルなカリスマに見える。だから、あまりカリスマというような人物特性ばかりでリーダーシップをとらえようとすることには無理がある。

経験によって備わる「持ち味」もかかわってくる

先にも述べたように、リーダーシップ現象は、ダイナミック（動態的）だ。それでもわれわれは、やはりリーダーたる人物の特性を知りたくなるものだ。なぜか、おわかりだろう。ダイナミックな見方をとったとしても、それでは、いったいどのようなタイプの人なら、大半のフォロワーが喜んでついていくのかという静態的な資質にかかわる問いが浮かぶからだ。

大本はリーダーの言動や発想ではないか。その言動や発想を支えるその人の持ち味（パーソナル・アセッツ）が、リーダーであることにかかわってくるのではないか。それならば、「どんな人についていきたいか」という問いかけも、やはり無視できない。

たとえば、オネスト（正直、誠実）というものを考えてみよう。リーダーが子どもだったときの家庭環境、学校時代を含め、そのような人間に育ち、性格的にもまじめで、仕事上の発想や行動にもそれが表れていれば、それはリーダーの側の持ち味にかかわることだ。しかし生まれつきのような静態的・固定的なものも、それが姿を顕著に現すのはダイナミックな場だ。つまりリーダーの普段の言動に接している大半の部下（フォロワー）から、「この人は誠実だ」という声が挙がってきたら、それは部下からリーダーへの信任が生まれつつある状態（およびそこに至るまでのダイナミック・プロセス）にかかわっている。

相互作用のありようと社会現象としてのリーダーシップの状態がいちばん大事なのだが、その大本にはリーダー本人の持ち味があり、その側面もまったく無視するわけにはいかないのである。そして、生まれつきや生育環境ゆえの持ち味だけでなく、われわれが「リーダーシップを経験を通じて磨く」と言うときには、経験から備わる持ち味もそこにかかわっている。

リーダーシップをどうとらえるかという、少し難しく、やや退屈な定義にまつわる話から議論をスタートさせている。ここをはっきりさせなければ、サーバント・リーダーシップは理解できないので、お許しいただきたい。そこで、ここまで書いてきた時点で、それ自体では無味乾燥な定義を、もう一度さらっと振り返っておこう。

「リーダーシップとは、フォロワーが目的に向かって自発的に動き出すのに影響を与えるプロセスである」

それでは次に、この持ち味、広い意味での能力（リーダーシップ・コンピテンシー）についても見ていこう。読者のみなさん一人ひとりには、どのような持ち味があるのだろうか。また、読者のみなさんが、この人ならついていってもいいと思う人には、どのような持ち味があるのだろうか。

信頼できるかどうか

トム・ピーターズ・グループでリーダーシップに関する研究と研修を担当しているジェームズ・クーゼスとバリー・ポスナーは、リーダーシップの本質は「喜んでついていく（willingly follow）フォロワーがいること」としてとらえた。そのうえで、フォロワーをそういう気持ちにさせるものは、ずばり「信頼性（credibility）」だと言った。

今、世界中で広く読まれている彼らの『リーダーシップ・チャレンジ』（邦訳書なし）に先立つ先駆的著作は、『クレディビリティ』（邦訳名『信頼のリーダーシップ――こうすれば人が動く「6つの規範」』生産性出版刊　1995年）と名づけられていた。トム・ピーターズは、オーディオ教材（テープ）で、「リーダーシップのような現象を、たったひとつの言葉で、その本質を言い当てるのはとても難しいことだが、無理にでも一語を選ぶなら、信頼できること（クレディビリティ）というのは的を射ている」とコメントしていた。

たしかにリーダーとおぼしき人物が信頼できそうもなければ、だれもついていこうとは思わない。そのことは私たちがどういう人についていくかを考えても、納得できるはずだ。

それでは、どのような人であれば、いちばん信頼を感じられるのだろうか。前著

（『リーダーシップ入門』日経文庫刊　２００３年）で一度くわしく紹介したことがあるが、再度、簡単に説明しよう。

クーゼスたちは主にアメリカ人を対象にして、まずは何も先入観を与えずに、どういう人が賞賛に値するリーダー（admired leader）かということを、経営幹部研修の場などで尋ねた。そうして何度も挙げられた言葉、たとえば「野心的な（ambitious）」「勇気がある（courageous）」といった20の形容詞のリストを作成した。

次に、そのリストを見せて、「賞賛に値するリーダーを形容する言葉としてどれを選びますか？」という調査を、より大規模なサンプルに対して行った。その結果、最も多くの人が「誠実（honest）」と答え、それに次いで「前向き（forward-looking）」「わくわくさせてくれる（inspiring）」「有能（competent）」という言葉が挙げられたのである。

つまり、リーダーとして信頼されるためには、何よりも誠実な正直者であることが重要になる。いくらパワフルでエネルギッシュでも、頭脳明晰なＭＢＡ修了者であっても、不誠実な人間はだれからも信頼されないし、ついていく気にはならないのだ。

誠実なのはいいが前向きでなかったら、ときに修羅場のような厳しい場面をくぐるときには、困ったことになる。「困った。もうダメかもしれない」と危機感に訴えることはあるとしても、本当にダメだと思っているのがリーダーの顔に出てしまったら、フォロワーたちもひるむ。「困ったときこそ、イノベーションだ」という前向きさがいる。そういう人が、周りの人をワクワクさせるような将来像を提示してくれるなら、なおのこといい。私たちは、有能さだけでその人についていくとは限らないが――カミソリのように頭は切れるけれど、イヤなやつも多い――誠実で前向きでビジョナリーな人がそれに加えて有能なら、鬼に金棒だ。

このように書くと、私がこの4つの言葉にこだわっているようだが、ポイントはそうではない。「どういう人ならいいリーダーだと思えるか?」という言葉――この場合なら、オリジナルの英単語で、〝honest〟〝forward-looking〟〝inspiring〟〝competent〟という4つの言葉――の束が意味するのは、ずばり、「そういう人だったら信頼できる」ということにほかならない。

国によって、会社によって、世代によって、男女によって、職能によって、どういう持ち味の人なら賞賛に値するリーダーだと思うかを調べてみると、上位に挙げられる形容詞の束が違ってくるだろう。それでいいのだ。その国の国民は、その会社の社員は、その世代の人たちは、女性なら、またエンジニアなら、それぞれに違うタイプの理想のリーダー像を持っているということだ。

今、〝理想の〟という言葉を使ったが、それは「現実にはいない」という意味ではなく、現実にそういうリーダーがいれば賞賛に値するリーダーだと思うし、そういうリーダーなら、フォロワーとして「喜んでついていきたいと思う」という点が大事なのだ。

上司と部下、だれがだれのために存在するのか

誠実なリーダーとしてフォロワーから信頼される人物がいて、その言動に共鳴した人々が彼（彼女）についていくとき、そこにリーダーシップが生まれる。そのとき、リーダーはフォロワーのために存在しているのだろうか、それともフォロワーがリーダーのために存在するのだろうか。

みなさんは、どう思われるだろうか。たとえば、新人のとき直属上司から、「おまえは私のために存在するのだ」と言われたら。逆に、「上司の私はおまえのために存在するのだ」と言われたら。あるいは、部長になったときに社長から、「キミは私の手下として、私を盛り立てるためにいるんだよ」と声をかけられたら。逆に、「社長は社員のために存在するのだから、部長になってもキミを支えるよ」と声をかけられたら。それぞれの場合を対比してみてほしい。どちらに喜んでついていくだろうか。

このような問いかけは、理論というよりも哲学や思想に近い。事実、ロバート・グリー

ンリーフのサーバント・リーダーシップ論は、サイエンス（科学）というよりも、フィロソフィー（哲学や思想）だ。リーダーシップについて考えるときに必ず直面する、究極の問いだろう。

しつこいようだがもう一度、問いを繰り返そう。リーダーがフォロワーのために存在しているのだろうか、それともフォロワーがリーダーのために存在するのだろうか。

答えとしては、リーダーはフォロワーのために存在するという考えもありえるのだ。フォロワーはリーダーを信頼し、彼（彼女）が描く大きな絵（ビジョン）に共鳴してリーダーについていく。そのときフォロワーが目指すものはリーダーのそれと同じ、もしくはその近いものであり、いっしょになって実現するのもフォロワーだ。リーダーはあくまでその手伝いをするのである。それがサーバント・リーダーシップの、根本的な考え方である。

こういう発想についていけない人は、第2章で出てくる池田さんが導入した「逆ピラミッド型の組織」（105ページ参照）という発想にもついていけないだろう。

逆ピラミッド型組織の頂点は現場で、その上にはお客さまがいる。もし、みなさんが次のような問いに直面したら、どう答えるだろうか。顧客のために営業第一線の私がいるのか、それとも、営業第一線の私を盛り立てるために顧客がいるのか。

間違いなく、前者だと答えるだろう。

逆ピラミッドの発想を本当に信じるということは、この関係をすべての組織階層間で徹底することだ。社長が、営業本部長に尽くす。営業本部長が会社のミッション、理念に合った方向を目指している限りは。そして営業本部長は、現場の営業所長を盛り立て、支える。営業所長は、営業社員が顧客に奉仕するのを支援する。そして営業第一線の社員は、現場で顧客に尽くす。

リーダーがフォロワーのために存在するのか、フォロワーがリーダーのために存在するのか、この問いをぶつけるべき究極の相手は、一方では顧客であり、他方では社長だろう。そこでもう一度、同じことを社長に置き換えて考えてみよう。

先ほどの問いは「社長が社員のために存在するのか」、それとも「社員が社長のために存在するのか」となる。心ある社長なら、前者だと答えるだろう。しかし、日々の実践においてその気持ちを持ち続けることは、なかなか難しい。社長には権限もあり、抱える責任も大きいため、社員が思いどおりに動いてくれなければイライラが募り、「なぜ、私の言うことがわからないのだ」という言葉とともに、つい「私の言うとおりに動け！」と命令しがちだからである。

使命を果たすべく部下を後押しする

私はこれとまったく同じ問いかけを、医薬品メーカー、エーザイ株式会社の内藤晴夫社長がするのを聞いたことがある。薬局で処方箋なしに買えるOCT薬を売ってくれている取引先企業の社長を集めた会合でのことだった。挨拶のスピーチに立った内藤社長が、おおよそ次のような内容のことを言ったのだ。

「今、私どもの会社では、ｈｈｃ＝ヒューマン・ヘルスケアという理念と合わせて、働く一人ひとりの社員に、〝自己規定〟をしてくださいと言っています。自分はどういうつもりで、どういうわけがあって今の仕事をしているのか、自分なりに考えるのが、言葉は難しいですが〝自己規定〟です。だから社長は社長で、自己規定のために、自分に向けた問いがあります。今日は、みなさんにお会いするためにこの会場に来るまで、私が社員のために存在するのか、社員が私のために存在するのかという、素朴な問いを考えながら来ました。今日お集まりのみなさんも、社長さんが多いでしょうから、社長が社員のために存在すると、きっと答えられると思います。ただ、そういうときに、ほんの少しでも、ちょっとは、社員が社長を盛り立てるため、社長に尽くすためにいるんだと、思ってしまうことがあるかもしれません。そういう勘違いをしないために、あえて自分に問いかけ、自己規定することが大事なのです」

記録がないので一言一句このとおりというわけではないが、私はこの発言の趣旨に感銘を受けた。そして、「営業の第一線の先には、お医者さんや患者さま、患者さまの家族がいる。hhcというのは、患者さまとその家族の健康を気遣う気持ちのことを言うので、この理念に向かっている社員を、社長が支えるのだ」というふうに聞こえた。

当時は私も、今ほどサーバント・リーダーという考えに強い関心を持っていなかったし、内藤社長もそういう考え方をご存じだったわけではないだろう。しかし、今振り返ってみると、まさにサーバント・リーダーシップにかかわる発言だと思う。

正面切って聞かれれば、並の社長でも、社長が社員のためにいるんだと口では言うかもしれない。しかし、中小企業のオーナー経営者なら、会社まるごと自分のものだという意識があるために、社員は自分のためにいると考える人もいるのではないだろうか。

それでもまだ、その社長が社会的に意味のある考えに基づき、倫理的にも正しい方向へ会社を向かわせるものであればよいが、オーナー経営者のなかには会社を（私物化とまで言わなくても）自分の所有物と思い込み、社員を働かせてやっているのだとうそぶく人もいる。「おれの会社やないか……」というオーナー経営者の発言を、私も何度か耳にしたことがある。そうした経営者の下では、どんな人間も志し高く、最大限の情熱を持って働こうとは思わないだろう。

そんな心得違いは論外として、エーザイの内藤社長のように、経営者自身に心から信じている会社のミッション（使命）があり、それを果たすべく部下が仕事に邁進しているなら、その部下に経営者が尽くす、奉仕するという発想があってよいはずだ。それができるのは、社員たちが仕事をしやすいように、そして会社の使命をきちんと果たせるように、縁の下の力持ちとして彼らをフォローするリーダーである。部下に尽くし、部下をリードするというのは、一見、矛盾するような言い回しだ。微妙だが、それこそが本書でクローズアップする、サーバント・リーダーシップという考え方なのである。

くわしくは次節で述べるが、企業社会では、リーダーは組織やチームを強力に引っ張る人だと思われがちだが、サーバント・リーダーはそれとは一味違う行動をとる。力ずくで引っ張るのではなく、ミッションに向かって自発的に歩み始める人を後押しするのだ。それは使命感に基づいてなされる高貴な行動であり、組織やチームに目標を達成させる大きな力になるのである。

自分たちのためを思ってくれる人、その根本に高い志や使命感のある人に、われわれはついていきたいと思う。だからこそ、自分がリーダーになるのなら、ミッションの名の下にフォロワーに誇り高く尽くす、サーバントの心を持つべきなのだと思う。

3

ロバート・K・グリーンリーフの「サーバント・リーダーシップ」

ミッションの名の下にフォロワーに奉仕する

サーバント・リーダーシップは、AT&T（アメリカ電話電信会社）マネジメント研究センター長を務めた、今は亡きロバート・K・グリーンリーフが、1977年に著した *Servant Leadership : A Journey into the Nature if Legitimate Power and Greatness* (New York : Paulist Press) で提唱した考え方である。この本に先立って1970年に、グリーンリーフは〝The servant as leader〟（『サーバントとしてのリーダー』）という小冊子を作成している（巻末の「もっと知りたい人のために」で、小冊子の日本語版の入手方法を説明している）。アメリカン・リーダーシップ・フォーラム・（ＡＬＦ）というサーバント・リーダー育成のネットワークを創ったジョセフ・ジャウォースキーはこの小冊子との出会いが決定的だったという。

地位や権限の威力でフォロワーがついてくるだけなら、その場に真のリーダーシップは存在しない。にもかかわらず、課長から部長、さらにトップへと組織の階段を上り詰めていくと、「おれは偉い」と勘違いする人がしばしば出てくる。そして、そういう人がリーダーシップの名を借りて、倫理観のない決定をすることもある。非常に残念なことだ。

そのような奢り高ぶりを戒めるのに、サーバント・リーダーシップの考え方は大きな威力を発揮する。実際アメリカでは、経営幹部を対象にしたリーダーシップ研修のなかで、必ずといってよいほどサーバント・リーダーシップが取り上げられる（アメリカが産業社会の手本だと思ってこう書いているのでなく、アメリカ産業社会が病んでいるからサーバント・リーダーがいっそう希求されているともいえる）。

それは、地位と権力を得て傲慢になったり、倫理的に問題のある行動をとったり、部下を虫けらのように扱ったりすることがないよう、リーダーである自分が部下やフォロワーを支え、尽くすことで目標を達成するリーダーシップの考え方があることを教えるためである。それをいきなり実行できなくても、そういうリーダーシップ・フィロソフィーがあると知っているだけで効果があると考えられているのだ。

私自身も、リーダーシップ研修を企画・実施させていただくときには、メインテーマとしては、戦略発想で変革を起こす「トランスフォーメーショナル（変革型）・リーダーシップ」を取り上げることが多いが、その流れのなかでサーバント・リーダーについてふれると、必ずといってよいほど、次回からこのテーマも入れてほしいという要望を受ける。それも、研修をデザインする際に相談する担当者だけでなく、その会社の社長、役員、そして受講生からそう言われることが多い。

サーバント・リーダーというのは微妙でとっつきにくいテーマであり、また、奉仕という概念が多分にキリスト教的なので、日本人にはなじまないのではと考えるのは、どうやら間違いで食わず嫌いのようだ。

さて、この「サーバント」という言葉だが、「従者」「召使い」の意味であり、普通に考えるならば、「指導者」の意味で使われるリーダーとは逆の立場のように思われる。だが、サーバントを「従者」ではなく、「尽くす人」「奉仕する人」ととらえればどうか。部下（フォロワー）に対して、そういう意味でのサーバントとして接することが、リーダーの基本姿勢となりうると主張したのは、提唱者であるロバート・グリーンリーフの慧眼だ。

企業には経営理念がある。もし経営者や管理職の立場で、自分が本当に信じている理念があり、それを実現するために部下が一所懸命に働いてくれているとしたら、その人のために尽くそうと思うのは当たり前のことだろう。そういう考えを、ロバート・グリーンリーフは「サーバント・リーダーシップ」と名付けた。一見、矛盾する言葉を並べてつくる造語をオキシモロン（oxymoron）と呼ぶが、「サーバント・リーダー」というのもその一種だ。

この考えが興味深いのは、「上に立つ人こそ、みんなに尽くしていくタイプの人でなければいけない」とする点にある。言い換えれば、上に立つからこそ、下の人に尽くすという思いが必要なのだ（逆ピラミッドを念頭に置くと、上とか下という表現は逆になるし、将来は上とか下という幼稚でダサい発想もなくなっていくのが理想かもしれない）。

私はたまに冗談で、サーバント・リーダーのことをつかの間だけ、わざと「召使い型リーダー」と表現することがある。リーダーがみんなの召使いのように働けば、みんなもついてくるという意味で、そう誇張しておもしろおかしく言うのだが、本当のサーバント・リーダーはけっして召使いではない。自分が達成すべきことや夢に対して強い使命感を持ち、それを実現するために自らの意志でサーバントに徹するのだ。

大きなビジョンを描いて、部下が本当に困っているときにはコーチングを行い、自分が信じる理念の実現のために邁進している人たちをしっかり支援する。部下たちに媚びるのではなく、部下たちの言うがままになって従うのでもない。もし、召使いのように主人の言うことを聞くだけなら、ただのサーバントだ。そこに「リーダー」という言葉がついていることに大きな意味がある。リーダーという言葉の奥に、理念、ビジョン、ミッション（使命）があるのだ。それがサーバント・リーダーなのである。

愛する人への接し方の例を本書冒頭の「刊行によせて」に挙げたが、「アッシー」のように便利な人として仕えるのではなく、愛の名の下に相手に尽くすのが肝心だ。そこのところを勘違いしてはいけない。サーバント・リーダーを正しく理解するポイントだ。ミッションの名の下に、上に立つ者（逆ピラミッドでは下から支える者）、リーダーがフォロワーに尽くす。その際、このミッションにあたるものを忘れてはいけない。

着想のきっかけ

グリーンリーフは1970年に発表した小冊子の中で、自分がサーバント・リーダーという考えを思いついたきっかけについて書いている。ひとつは大学4年生のとき。卒業を目前にして自分の進路がわからず悩んでいたときに、社会学の授業でオスカー・ヘルミングという先生からこんなふうに言われたことだ。

「世の中に存在するものはみなわけがあってつくられているのに、そのもとの使命を忘れて、無駄な、要するにきちんと働いていない組織があったら指摘してほしい。使命に対して尽くすことを忘れた組織はおかしい。おかしいものはおかしいと言えるのが若者の特権だ。たとえば、大学は研究と学生の教育をするために存在しているのに、大学が学生の役に立っていなければ、おかしいと声を出したほうがいい。病院は患者のためにつくられているのに、患者のためでなく、あたかも医者のためにあるようになっていたら、それはおかしいと言ってほしい。なんのために存在するのかを忘れて、だれの役にも立っていないのに組織体だけが存在していたり、使命を忘れて本来の目的と違う組織になっていたりしたら、それはおかしいと言ってほしい。ただし、若い人の声だけでは本当は何も変わらない。その組織体でリーダーシップをとる立場にいる人が本気で、自分たちがなんのためにいるのかを考えない限りは、組織は変わらないのだ」

ここも正確な引用ではなく、クラスでのヘルミングの発言をイメージして想像力でかなり表現をふくらませている。この社会学者が言わんとしたのは、組織でリーダーシップをとる立場にいる人は、その組織の存在意義、社会的使命を理解し、それが果たされるように組織を導かなくてはならないということである。グリーンリーフは、この言葉がきっかけでAT&Tへの就職を決めたという。電話電信（電報）事業は公共性が高く、人の役に立っていると感じられたからだ。

もうひとつのきっかけは、グリーンリーフがAT&Tを早期退職してコンサルタントに転じ、若い世代にもアピールする新しいリーダーシップ論を模索していた65歳のときに読んだ、ヘルマン・ヘッセの短編小説『東方巡礼』(新潮社刊『ヘッセ全集8―知と愛』所収)にある。簡単にあらすじを紹介しよう。


小説の主人公である語り部は、自分らしい生き方を探し求めている音楽家で、ある秘密結社に入って東方巡礼の旅の一員となった。その一団の中にはレーオという名前の召使い《サーバント》がいて、こまめにみんなの世話を焼いてくれる。快適に旅を続けられるのはレーオがいるからだということをみんなは感じていたが、気の利く召使いと見るだけで、旅そのものが彼のおかげで成り立っているとまでは思わなかった。しかし、ある日レーオがいなくなると、東方巡礼の旅そのものが成り立たなくなり、秘密結社のリーダーがだれだったのかもわからないままに分裂してしまったのである。

その後、主人公はもう一度レーオに会いたいと思って懸命に探したが、なかなか会えなかった。ついに出会うことができたときにわかったのは、レーオこそが秘密結社のリーダーだったということである。つまり、本当はリーダーである人が、サーバン

ロバート K.グリーンリーフ（1904-1990）のキャリア

1926年	カールトン大学を卒業 在学中にオスカー・ヘルミングの講義を聴く
同　年	AT&T入社
1958年	はじめてヘッセの『東方巡礼』を読む
1964年	AT&Tを早期退職 退職前は、マネジメント研究センター長

- 退職後のセカンド・キャリアは、教育、講演、コンサルティング。
- 1970年の小冊子 “The servant as leader” で、はじめて、サーバント・リーダーのアイデアを広め始める（オレンジ色の小冊子）。
- 以後、カーネギー財団の理事長だったジョン・ガードナーとともに、若者のリーダーシップ不信を憂え、大学と接し、MIT、HBSでも教鞭をとった。
- あわせて、大学、財団、企業のコンサルティングを開始。

トとなってみんなの前に姿を現し、奉仕することを通して、東方巡礼の旅を導いていたのである。

グリーンリーフがこの本を読んだころは、アメリカ社会でベトナム反戦運動やヒッピー・ムーブメントが活発になっていた。若者たちは30歳以上の大人は信用できないと、体制の権力や既成秩序に反抗していた。そんな状況を憂い、将来、国や地域のリーダーシップをとる人間がいなくなることを危惧したグリーンリーフは、若者たちの間で読まれていたヘルマン・ヘッセに着目したのだった。そして、その作品に啓発され、優れたリーダーは集団の夢や目標を実現するために、メンバーが行動しやすいようにサーバントとして奉仕する人であらねばならないという考えを持つようになったのである。

奉仕と指導、2つの役割

リーダーシップに関する考えを深めていったグリーンリーフは、「サーバント」と「リーダー」という2つの役割は同じ人物の中で融合しうるのかという、だれもが抱く疑問をサーバント・リーダーシップという考えを蒸留させていくうえで、深く自問したのである。具体的には、相互に関連する次の2つの問いである（重要な問いなので、英文と訳文の両方を掲げる）。

〈ひとつ目の問い〉

「サーバント（従者、より正しくは奉仕者、尽くす人）とリーダー（指導者）――この2つの役割は、地位のレベルや職業がなんであれ、実在する同じ人物のなかで融合し合えるのか？」（"Servant and leader――can these two roles be fused in one real person, in all levels of status or calling?"）

〈2つ目の問い〉

「もし融合しうるとしたら、2つの役割が融合したその人物は、現在の実際の世界のなかで、うまく実り多く生きていけるか?」("If so, can that person live and be productive in the real world of the present?")

2人の人がいて、一方が導いていれば、もう一方は相手についていっている(従っている)というのが一般的な構図だ。しかし、とても大事な問いは、従者が指導者に尽くしているという姿で、健全な家庭、恋愛、教室、職場、会社、財団、国が成り立つであろうかということだ。

たとえば、国民が時の首相の従者として、その人のために奉仕している。それはやはり変だ。国が栄えるように国民が頑張っているときに、それを支えるべきサーバントは行政府の大ボス、首相のはずだ。会社でも、社員が召使いでないのなら、社員が社長に従う人として、社長に尽くすのではない。家庭の親子は、もっとわかりやすい例だろう。子どもが親に尽くすのではなく、親が子どもに尽くすというのがまず自然な姿で、そこから、そういう親に子どもがついてくるというのが、まっとうな姿である。

グリーンリーフの問いかけは、仕事の世界で、地位や職業のタイプを問わず、サーバントとリーダーという役割がひとりの人物のなかに同居しうるのかというものだが、仕事の世界にとどまらず、家庭、学校、地域社会などの活動における役割においても、子ども、生徒、住民に尽くすことで、親、先生、自治会長にみんながついてくるというケースがある限り、また、そちらのほうがより自然で健全である限り、サーバントとリーダーというのは、同じ人物のなかに共存しうるのだ。

第2の問いかけにおいて、高尚で高潔な考え方をすると同時に、実践家で現実主義者のグリーンリーフらしく、もしこの2つが同じ人物に同居するというのなら、現実の世界でそういう人が実在するのか問うているわけである。

グリーンリーフが代表的な例として挙げるのは、次の人たちだ。18世紀アメリカのクエーカー教徒で、南北戦争に先立って信徒の奴隷をすべて解放していたジョン・ウールマン（John Woolman）、米国独立宣言の起草者トーマス・ジェファーソン（後に大統領）、19世紀、近代デンマーク精神の父とも呼ばれ、思想家・教育改革者で新しい学校の概念を提唱したニコライ・フレデリック・セベリン・グルントヴィ（Nikolai Frederik Severin Grundvig）。

グルントヴィは、従来の学校が暗記や試験など、理念のない立身出世を目指す教育を施していると指摘してそのような学校を「死の学校」と呼び、「教育（教え導く）」という言葉を嫌った。教育とは本来「生の自覚」を促すものだと考え、「生きた言葉」による「対話」で、異なった者同士が互いに啓発し合い、自己の生の使命を自覚していく場所が「学校」であるべきだと「生のための学校(School for Life)」の構想を1838年に発表した。

トーマス・ジェファーソン以外はわれわれ日本人にはなじみが薄いが、まず、グリーンリーフ自身が敬虔なクエーカー教徒であり、また教育・社会改革者でもあるので、これらの人物が彼には自然な例として思い浮かんだのだろう。

興味深いのは、これらの人たちが実在の人物であるということだけでなく、第2の問いに対しての回答にもなっていることだ。すなわち、これらの人たちは、人々に奉仕する役割と指導する役割を同時に果たしていたばかりでなく、そのためにつぶれることも、つぶされることもなく、それぞれの人生において実り多い活躍をし、社会に先駆的ないいものを残したのであった。

つまり、2つの問いに対するグリーンリーフの回答は、ともにイエスなのである。奉仕者でありリーダーであるというのは共存可能だし、相反する役割を無理して担おうとするために不調に終わるのではなく、実際には奉仕の精神で人々を導き、社会変革に寄与しているのである。もちろん、あとで強調するように、それぞれの人がみずからのミッション、来るべき社会へのビジョン、それを実現するための強い意志を持っていたことが重要だが。そしてグリーンリーフは、これら実例となる人物は、次の3つの特徴を持っていると指摘している。

・まさにこの時代に、というときに登場する（one man at a time）
・まさにというタイミングで、肝心なアクションを起こせる（one action at a time）
・奉仕するみんなのために、社会改革の大きな絵を描ける（conceptualizing）

そしてこの自問自答と分析から、グリーンリーフはサーバント・リーダーシップの基本的なアイデアを、次のように考えた。これも非常に味のある表現がなされている部分なので、まず英文のまま引用して、あとに訳文をつけることにする。

「それ（サーバントとしてのリーダーシップ）は、最初は尽くしたい（奉仕したい）という自然な感情に始まる。その後に、自覚的に選択したうえで、導いてもいきたいという気持ちになっていくものなのだ」（"It begins with the natural feeling that one wants to serve, to serve first. Then conscious choice brings one to aspire to lead."）出所（Robert K. Greenleaf（1977）. *Servant Leadership; A journey into the Nature of Legitimate power and Greatness*, Mah wah, NJ: Paulist Press, P.13.）

これはサーバント・リーダーシップを紹介するとき、必ずといってよいほど引用される重要な箇所だ。最初に湧き起こるのは、「尽くしたい」あるいは「奉仕したい」という自然な感情である。まずそれを実践し、その後でリーダーとしての役割も果たさなければならないのだと考えるのである。

この順番が素晴らしいと思うと同時に、とても高尚な行為で、凡人には難しいことだなとも思う。しかし、子どものいる人ならわかると思うが、これは親が自分の子どもに対して抱く思いと似ている。

自分が子どもに対して持っている思い、あるいは子どものときに自分の親がしてくれたことを、思い出してみてほしい。だれでも自分の子どもに対しては、無条件に、何かこの子のためになることをしてあげたいと思うだろう。それは子どもに尽くすという感情だ。そして、その思いがまずあった後で、子どもがひとかどの人物に成長するよう、しっかり導いていかなければならないとも考える。これはグリーンリーフが言ったサーバント・リーダーの心理と同じである。愛の名の下に、愛する人に（アッシーのように卑屈になることなく）尽くすというのも、これと似ている。

また、尽くすこととリーダーシップをとることにつながりがあるのは、よい医者やよい教師の例を考えればわかりやすい。よい医者というものは、目の前に病気で苦しんでいる人がいたら「私が持っている医学の力で助けたい」と自然に思い、その後で「こういうことをしていてはいけない」と患者をリードする。よい教師も、向学心に燃えている子どもたちには、「自分のすべてをかけて教えてあげたい」と思い、同時に「心ある社会人に育つように」リードしていくはずである。

このように考えれば、サーバント・リーダーは何も特別な世界の住人ではなく、私たちの身近な隣の人のなかにも存在するといえる。

サーバント・リーダーシップの定義

ロバート・グリーンリーフの考えを広めようとする人たちが、今もアメリカを中心に、ほかの国にも支部を増やしながら、グリーンリーフ・センターというＮＰＯ活動をアクティブに推進している。その日本支部代表の石田量さんは、グリーンリーフ・センター・ジャパンのウェブサイトで、サーバント・リーダーシップを次のように定義している。

〈サーバント・リーダーシップの定義〉

リーダーである人は、「まず相手に奉仕し、その後相手を導くものである」という実践哲学をサーバント・リーダーシップといいます。

サーバント・リーダーは、相手に対し奉仕する人です。相手への奉仕を通じて、相手を導きたいという気持ちになり、その後リーダーとして相手を導く役割を受け入れる人なのです。

サーバント・リーダーシップの考え方は、従来のリーダーシップのそれとは対照的です。従来のリーダーは、まず相手の上に立って相手を動かそうとします。リーダーとしての地位・権力・お金を得てはじめてそれらの余った部分で他者に奉仕しようとします。一方サーバント・リーダーは他者に対する思いやりの気持ち・奉仕の行動がつねに最初に来ます。

サーバント・リーダーは、つねに他者がいちばん必要としているものを提供しようと努めます。サーバント・リーダーが本物であるかどうかは、「他者に奉仕することで、相手がより健全に、賢く、自由に、自律的になり、自己中心的な欲望に執われない真の奉仕者として成長してゆく」ことにより見分けることができます。

http://www.gc-j.com/sl01.html から引用

また、アメリカのグリーンリーフ・センターでは、『1分間マネジャー』シリーズで有名なケン・ブランチャードや、エンパワーメントや執事型リーダーシップで知られるピーター・ブロックなど、リーダーシップの研究や実践・教育で貢献している人たちを集めてカンファレンスを開き、毎回、その成果を本にして世に問うている（残念ながら、そのシリーズの邦訳は今のところない）。

そういうカンファレンスで報告された論文のひとつからの引用だが、サーバント・リーダーシップと従来のリーダーシップとの違いをうまく対比する表が、グリーンリーフ・センター・ジャパンのサイトで紹介されているので、これも次ページに引用させていただく。

今、リーダーシップの研究に情熱を持って取り組んでいる私も、グリーンリーフが若者のリーダーシップ離れを心配していたころ（つまり、ベトナム反戦運動の時代）には、日本でアンチ・リーダーシップ・ワクチンを服用していた。リーダーシップを発揮すべき立場にいる人が、不祥事を起こす例が増えて、不信感を持つようになっていたのだ。そこから、リーダーシップに感染しないためのワクチンを学校時代に経験していた。

政治の世界のリーダーや、大企業の経営者ともなると、それなりの大きなパワーを持つので、人間的にも倫理的にもしっかりしたものを求めたくなる。だから、リーダーシップとは名ばかりで私利私欲に動く人に対しては、人々は反発する。私も、リーダーシップを

従来のリーダーシップとサーバント・リーダーシップとの違い

項　目	従来のリーダーシップ	サーバント・リーダーシップ
モチベーション	最も大きな権力の座につきたいという欲求	組織上の地位にかかわらず、他者に奉仕したいという欲求
マインドセット	競争を勝ち抜き、達成に対して自分が賞賛されることを重視	みんなが協力して目標を達成する環境で、みんながウィン・ウィンになることを重視
影響力の根拠	目標達成のために、自分の権力を使い、部下を畏怖させて動かす	部下との信頼関係を築き、部下の自主性を尊重することで、組織を動かす
コミュニケーション・スタイル	部下に対し、説明し、命令することが中心	部下の話を傾聴することが中心
業務遂行能力	自分自身の能力を磨くことで得られた自信をベースに部下に指示する	部下へのコーチング、メンタリングから部下と共に学びよりよい仕事をする
成長についての考え方	社内ポリティクスを理解し活用することで、自分の地位を上げ、成長していく	他者のやる気を大切に考え、個人と組織の成長の調和を図る
責任についての考え方	責任とは、失敗したときにその人を罰するためにある	責任を明確にすることで、失敗からも学ぶ環境を作る

参照：　Ann McGee-Cooper and Gary Looper
"The Essentials of Servant-Leadership: Principles in Practice"
http://www.gc-j.com/sl01.html

発揮する人が自分のことだけを考えているようで、いくら大きなことを言っていても信じられないという気持ちがあった。

そういう、リーダーシップなんか嫌いだという人の解毒剤として、サーバント・リーダーシップは非常にいい。なにしろパワーをひけらかすのではなく、ミッションの名の下にではあるが、校長が生徒に対して、生徒が建学の理念に燃えるなら、校長のほうが生徒のサーバントに徹する。社長が社員に対して、社員が創業の理念や社是に従うのなら、社長のほうが社員に奉仕するという考え方なのだから。

4 サーバント・リーダーの特徴と誤った解釈

生まれつきのものではなく、身につけられるもの

サーバント・リーダーの特徴はなんだろうか。グリーンリーフ自身の言葉を使うと、まず、リードするという個人の側の意識的なイニシャティブで、「私はこう行くから、ついてきてくれ」(I will go, come with me) とはっきり言うことだ。イニシャティブをとらずにリーダーシップは存在しえない。

ミッションの名の下に奉仕したいという気持ちがステージ(段階)としては先に来るが、サーバント・リーダーも強くイニシャティブをとるのだ。サーバントだからずっと受け身なのだと思ってはいけない。相手の言うことによく耳を傾けるが、どうすれば役立てるか

がわかったら先頭に立つこともあるし、必要とあらばパワー全開でみんなを引っ張っていくこともある。

次に、自分が何をやりたいのかがわかっていて、その大きな夢やビジョナリーなコンセプトを持っており、コミュニケーション能力に優れていること。これは、グリーンリーフ協会の会合で、ケン・ブランチャードが強く主張した点だ。サーバントだからビジョナリーではないというのは、まったくのところ、グリーンリーフの考えにそぐわない。コンセプトづくり（conceptualization）に強いことがその特性だ。

ただし、強い想いを持ったり、先導したりする前には、フォロワーの言うことをしっかり聞いて、どうすれば役立てるかを考えている。そこが大事な点だ。サーバント・リーダーは、フォロワーの言うことを積極的に傾聴するし、同時にフォロワーがなんでも話しやすい状態をつくり出す。だから、聞き上手であることが3つめに挙げられている。

アラジンの不思議なランプで煙りのなかから出てくるサーバントは、まず最初に、「ご主人さま、何をご所望でしょうか？」と聞き耳を立てる。相手が望むものを聞かずに、これがおまえの望むものだろうと一方的に決めつけたりはしない。かといって、ミッションの名の下に尽くすのであるから、大きな絵、ビジョン、ミッションからはずれるような要望を聞き入れることもしない。

そして4つめは、言葉を誠実にうまく使うことができ、想像力があること。イマジネーションが湧くような言葉を使えることは、非常に重要だ。せっかくのビジョンやミッションも、フォロワーに難しく聞こえるようでは心に届かないし、心に響かない。「大きな絵」と言うとおり、ビジュアルに、イマジナティブに、具体的な情景が思い浮かぶような言葉を選ぶことが大事だ。

5つめは控えることを知っていること。サーバント・リーダーはたしかにイニシャティブをとるのだが、いつも「おれが」「おれが」と出しゃばっていては、その名にそぐわない。目立ちすぎるサーバントではおかしいだろう。

そして6つめには、受容と共感があること。フォロワーからの要望に対して、ミッションに合っている限りは、サーバントが「それはかなえられません」と言ってはいけない。ミッション実現の勢いに乗っているときには、サーバントはけっして断らないのだ。

7つめには、ほかの人には見えないものを見る感知力、予見力があげられ、あわせて8つめ、9つめとしては、直感にしたがって決断力ができるという点も指摘される。そんな決断が信頼されるのは、将来の見通しをもっているからだ。先を見通すことのできるサーバントであって、ただの召使いではないことに、これらのキーワードで気づいてほしい。

さらに次の2つの項目、10と11には、サーバント・リーダーたるためには、フォロワーにうまく気づかせていくという意味で、気づきを与えながら雄弁に説得できなければならないという点が挙げられている。

そして最後は、尽くすことができて、癒しと役立ちができるということである。癒すというのがあやしい訳語でよくないのだが、ほかに適切な訳語がないのでこう記している。内容としては、そのリーダーがいると心が落ち着く、ほっとできる、うれしくなるといった持ち味だ。いつもイライラさせられたり、ピリピリさせたりする人に対して、尽くしてもらっているという感覚は持てないだろう。どんと構えているので、そこから生まれるヒーリング感覚や落ち着きそのものがありがたい、そのおかげで人に役立ち、奉仕することが可能になる。

グリーンリーフ自身はこれらが、サーバント・リーダーになりたいと思う人におすすめの持ち味だと言っている。表にして整理すると、左ページのようになる。

さらに、ここではそれに加えて、グリーンリーフ・センター・アメリカ本部の所長を務めるラリー・スピアーズは、グリーンリーフの考えを76・77ページの表のように整理し、解説している。元祖のグリーンリーフには申し訳ないが、こちらのほうがわかりやすいので、私は、「スピアーズによる10属性」としてよく説明に使わせてもらっている。

スピアーズはサーバント・リーダーシップの考え方を世界中に広めようと考えていたの

グリーンリーフが指摘するサーバント・リーダーの持ち味

①リードするという個人の側の意識的なイニシャティブ

②大きな夢、ビジョナリーなコンセプト、究極のコミュニケーション
（いったい何をやりたいかがわかっている）

③傾聴と理解
（サーバントは第一に聞く）

④言語と想像力

⑤控えることを知っている（withdrawal）
（でしゃばりすぎない、目立とうとばかりしない）

⑥受容と共感
（サーバントには断られない）

⑦感知力、予見力
（知りえないことを知り、予見しえないことを予見する。
しかし、超自然的なものではない）

⑧直感、信頼、決断

⑨見通し（foresight）

⑩気づきと知覚

⑪説得上手

⑫癒しと役立ち
（一緒にいるとほっとするし、尽くしてくれる）

出所　Robert K. Greenleaf, *Servant Leadership: A Journey Into the Nature if Legitimate Power and Greatness,* New York, pp.15ff.

⑥概念化(Conceptualization)

大きな夢を見る(dream great dreams)能力を育てたいと願う。日常の業務上の目標を超えて、自分の志向をストレッチして広げる。制度に対するビジョナリーな概念をもたらす。

⑦先見力、予見力(Foresight)

概念化の力とかかわるが、いまの状況がもたらす帰結をあらかじめ見ることができなくても、それを見定めようとする。それが見えたときに、そうはっきりと気づく。過去の教訓、現在の現実、将来のための決定のありそうな帰結を理解できる。

⑧執事役(Stewardship)

執事役とは、その人に大切なものを任せて信頼できると思われるような人を指す。より大きな社会のために制度を、その人になら信託できること。

⑨人々の成長にかかわる(Commitment to the growth of people)

人々には、働き手としての目に見える貢献を超えて、その存在そのものに内在的価値があると信じる。自分の制度のなかの一人ひとりの、そしてみんなの成長に深くコミットできる。下線部分は原資料のままですが、意味不明ですので確認願います。

⑩コミュニティづくり(Building community)

人間の歴史のなかで、地域のコミュニティから大規模な制度に活動の母体が移ったのがここのところの人間の歴史だが、同じ制度のなかで仕事をする(奉仕する)人たちの間に、コミュニティを創り出す。

スピアーズによる10属性

①傾聴（Listening）

大事な人たちの望むことを意図的に聞き出すことに強くかかわる。同時に自分の内なる声にも耳を傾け、自分の存在意義をその両面から考えることができる。

②共感（Empathy）

傾聴するためには、相手の立場に立って、何をしてほしいかが共感的にわからなくてはならない。他の人々の気持ちを理解し、共感することができる。

③癒し（Healing）

集団や組織を大変革し統合させる大きな力となるのは、人を癒すことを学習することだ。
欠けているもの、傷ついているところを見つけ、全体性（wholeness）を探し求める。

④気づき（Awareness）

一般的に意識を高めることが大事だが、とくに自分への気づき（self-awareness）がサーバント・リーダーを強化する。自分と自部門を知ること。このことは、倫理観や価値観ともかかわる。

⑤説得（Persuasion）

職位に付随する権限に依拠することなく、また、服従を強要することなく、他の人々を説得できる。

出所　Larry C. Spears〈1998〉. "Tracing the Growing Impact of Servant-Leadership." In Larry C. Spears ed.〈1998〉. Insights of Leadership: Service, Stewardship, Spirit and Servant-Leadership. New York: John Wiley & Sons. pp.3-6の記述より、金井が要約。

で、これらの属性（attribute）をアメリカだけではなく、ほかの文化圏のことも考えながら書いている。それでも、日本人としては少し違和感を覚える部分があるかもしれない。このままではまだ十分にこなれてはいない。また、将来、サーバント・リーダーの持ち味を測定するための尺度を日本語でつくろうと思ったら、もう一工夫がいるだろう。

たとえば「概念化」というと、何か理詰めでコンセプトをつくる能力のようにとれるが、「思いの深さ」とか「志の高さ」がよりふさわしいかもしれない。また、「執事役」も日本ではピンとこないだろうから、「謙譲の美徳」と変えたほうがわかりやすい、「説得」も言葉による説得だけではないという意味で「言行一致」とするのも一案だ。それに「癒し」という言葉も誤解を与えかねないので、「一緒にいると元気になる」とか「安心できる」といった言葉のほうがよいだろう。

さらに、ここに挙げられなかったものとして、愛他主義というか「他の人々を思いやる気持ち」（caring for others）などが考えられる。サーバント・リーダー行動測定尺度をつくるためには、追加すべき項目を検討することも必要になってくるだろう。

いずれにせよ、これらの属性はサーバント・リーダーとして行動している人たちに共通して見られる特徴だ。生まれつきのものではなく身につけることが可能なものばかりである。といっても、これらを身につければサーバント・リーダーになれると思ってはいけない。これまで何度も言ったように、フォロワーがこの人なら信頼してついていってもいいと思い、実際ついてこなければ、リーダーにはなれない。なろうと思ってなれるものではないのだ。これらはあくまで必要条件のようなものであって、十分条件ではないのだ。サーバント・リーダーを目指す人、本人の誠実さ、高潔さが欠ければこの属性リストでさえ、十分条件を示すものではない。

サーバント・リーダーになるための出発点として、まずこの表にあるような持ち味が自分に備わっているかどうか、自然にできるかどうか、育成できそうか、経験不足でまだできていないのはどの属性かといったことを探るときのヒントとして、これらの項目リストを活用するのがよいのではないだろうか。その際もこの人の役に立ちたい、尽くしてあげたいという自然な感情を持つことが、サーバント・リーダーになるうえで最も大切であり、それが大前提となることを忘れないでほしい。

サーバント・リーダーの萌芽

再三述べたことだが、ロバート・グリーンリーフが言った「尽くしたいという自然な感情」と「導いてもいきたいという気持ち」がいちばん素直に出てくる状況を考えると、親が自分の子どもに接するときではないだろうか。

野茂やイチローの夢に親たちはどのようにふるまったのだろうか。私自身のことを省みても、子どもをぐいぐい引っ張りたいと思う気持ち以前に、子どもが何をしたいのかを聞き、それをかなえさせてあげたい、つまり子どもの役に立ちたいという気持ちがずっとあったし、今もある。

もちろん、子どもの言いなりになって好き放題させるということではない。こういうふうに育ってほしい、こういう生き方をしてほしいという親なりの考えやビジョンやミッションがあり、それに合った方向に子どもが向かうのであれば、後ろから精いっぱい支えてあげたいという思いである。

厳しい面もあれば、引っ張るところは引っ張るという面もある一方で、一緒にいるとホッとするし、自分に根本のところで尽くしてくれる。そういう、どんと構えた親が減っているのかもしれない。かつてのように、もう一度、「親業」が問題になるかもしれない。親であるということは、子どもに対してリーダーであるということでもあり、そのありようのひとつがサーバント・リーダーなのだ。

メジャーリーグで素晴らしい活躍をしているイチロー選手の父・鈴木宣之さんは、『息子イチロー』（二見書房刊　２００１年）という本でイチローがプロ野球選手になるまでともに過ごした歳月を振り返っているが、そこに次のように書いている。

「私が一朗を育てるうえで常に気をつけたことは、頭ごなしに叱りつけたりスパルタ訓練はしない、うるさくクチバシをはさまず、本人の自主性を尊重して自由にやらせようということだった。

高飛車な態度では、子供はついてこない。子供の心をひきつけるには、子供の目の高さで物事を見て、控えめで謙虚でなければいけないと思ってきた。親が子供を無理やり引っ張っていくのではなくて、親のほうが子供のあとからついていけばいい、というくらいの気持ちだった」

鈴木さん（父親のほう）は、サーバント・リーダーシップという考え方を知っていたわけではないだろう。野球選手になりたいという息子の夢を信じ、それを実現するために息子がしようとすることを、親にできる方法で支えたいと素直に考えたから、このような接し方を自然にしてきたのである。だから、夢の実現に向かって頑張る息子の姿を見ることが何よりの楽しみだったという。両親ともに一朗を信じ、父親のひと言によると「あくまでも子どもがやりたいことを後ろから支えた」のであった。

「けっして前に出ることなく、後ろからくっついていくのが、私の最大の楽しみだった。親が後ろからついていけば、見守っていけば、子供は安心して迷わずにまっすぐ歩けるものだと確信している」

大切なことは、子どもに夢や想像力（イマジネーション）を持たせることであり、真っ直ぐそれに向かうのであれば、親が懸命になって支えてあげる。それは「尽くしたい気持ち」と「導きたい気持ち」の両方がなければできないことである。私はこの本を読んで、イチローに対する鈴木宣之さんの接し方に、自然体で素直なサーバント・リーダーシップを感じ取った。つまり、ガンジーやキング牧師のような超ド級の人を考えなくても、さりげなく、萌芽的なサーバント・リーダーとして身近な人（たとえば子どもや恋人、友だち）に接することができている人もいるのだ。

親の子どもに対する接し方は、潜在的にサーバント・リーダーになりうるよい例だと思って、本書でもいろいろな箇所で使ってきている。ところが、これが学生には通用しない。フィジカルには大人になっていても自分たちがまだ子どもでもあるので、親のサーバント・リーダーシップではピンとこないのだ。

そこで、いろいろ考えた末に思いついた例が、「刊行によせて」に書いた、愛する人ができたときの心の動きである。愛する人に対しては、（ただのサーバント、つまり恋の奴隷ではなく）サーバント・リーダーのように振る舞える人が、若者でもいるのではないかということだ。

恋人同士の間にも、サーバント・リーダーの萌芽的な現象が見られると私はにらんでいる。好きな人ができたとき、いきなり相手をぐいぐい引っ張っていきたいとはだれも思わないだろう。まずは「この人を喜ばせてあげたい。どうしてあげたら喜ぶだろうか」と、下心なしに尽くしたいと思うはずだ。下心なくというところもポイントだが、本当にその人が好きなら、一緒に楽しんでいる姿、自分がリードしている姿を具体的に思い描くのは大事なことだ。

そして（恋愛に「ミッション」というのは変だから）「強い想い」を抱いて付き合いが深まるようになると、相手を守りたいという気持ちとともに、二人の関係を自分が（奉仕することを通じて）リードしていきたいと思うようになるのが普通である。もちろん、「交換」に基づく関係ではない。

このように考えると、サーバント・リーダーシップは企業経営や組織運営といった大きな場面だけで必要とされるものではなく、われわれの日々の生活のなかにも多く見られる現象であることがわかる。

ただ支えるだけなら召使い

私がはじめて活字媒体にサーバント・リーダーについて書いたのは、「プレジデント」誌において、尊敬する精神科医の野田正彰先生と対談したときのことだ（２００1年1月1日号）。もう7年前のことになる。その対談記事がとても気に入ったので、発刊の翌年の4月から金井ゼミに入ることが決まっていた神戸大学経営学部の2年生たちに記事のコピーを配布して、少しばかりサーバント・リーダーという考え方を説明した。そのときに、サーバント・リーダーの考え方は、きちんと説明しなければ誤解されやすいものだということがよくわかった。

ゼミ生にサーバント・リーダーの説明を一通り行ったあと、「どの程度しっかりやれるかわからないけれど、気持ちとしては私も、ゼミ生に対してサーバント・リーダーでありたいと思う」と述べた。すると学生たちは、「ということは、金井ゼミでは先生が、サーバントとして、ゼミで発表する私たちのレポートのコピーをとったり、コンパの会場予約をしてくれたりするわけですか」と反応したのだった。「サーバント」という言葉のイメージから、私が学生たちに「仕える人」になってくれると思ったのだ。

そこで私は、サーバント・リーダーはアッシーのような奴隷ではない。ミッションの名の下にみんなに仕えるのがミソなのだと言って、こう説明した。

「金井ゼミでは、大教室ではできないことを実現することを目指している。少人数で議論を重ねながら、いろいろな課題を考えていく場としてゼミを活かしたい。そのために存在する金井ゼミのミッション（コンセプト）は次のとおり。ひとつには、ゼミで取り上げるテーマについて、全員が自分の考えを持ち、それをゼミの場で表明すること。第2に、自分とは違う考えに対してもきちんと耳を傾けること。もっと言えば、違う考えなら、いっそう一生懸命に聞くこと。それらを前提にしたうえで第3に、考えが異なる点こそが宝庫であり、そこをめぐってゼミの場で議論が起こること。これらこそが大教室では実現できない、ゼミならではのミッションなのだ。それを実現させるためにみんなに尽くすのが、サーバント・リーダーとしての私の役割だ」

笑い話のように聞こえるかもしれないが、「サーバント・リーダー」「サーバント・リーダーシップ」という言葉をはじめて耳にした人は、ほぼこれと同じような誤解をする。それは「サーバント」の概念が、日本人にはなじみの薄いカタカナ言葉だからだ。「奉仕者」ではなく、「召使い」を思い浮かべたら、訳語の語感による違いは大きい。池田さんが、社長就任時に取材で「サーバントに徹する」と話したら、週刊誌に「新社長は召使い」と書かれたという誤解とよく似ている。

肝心なことは、サーバント・リーダーが自分、もしくは自分たちのミッションをしっかり持っていて、それにみんなが向かっている限りは支えるということだ。つまり、ミッションに合致するかどうかが、支えるかどうかの判断基準になるということである。これがなくてただ支えるだけであれば、文字どおりの「召使い」であり、「リーダー」としての役割を果たせない。ちなみに私のゼミでは、こういうケースを「サーバント・サーバント」と言っている。

実際に私は、学生たちのコピーとりもときどきやっている。どんなときにするかというと、なんらかのワケがあってコピーが間に合わず、授業に支障が出そうな場合は、私が教材製作用の高速コピー機を使って、必要な分のコピーをとる。だがそれは、学生たちに媚びたり、人気を取ろうと思ってするのではなく、ゼミで議論を喚起するために必要だからするのである。そういうミッションに合っていることなら、自然にできるものだ。

リーダーシップのスタイルではなくてひとつの基本哲学

もうひとつの誤解として、サーバント・リーダーシップを、リーダーシップの類型論のなかでとらえようとすることがある。リーダーシップについて少しでも学んだことのある人は、「専制型」とか「民主型」「レッセフェール型」という言葉をご存じだと思うが、そういうリーダーシップの類型のひとつとして、「サーバント型」というのがあると考えてしまうのだ。

しかし、サーバント・リーダーシップはスタイルというよりも、考え方、リーダーシップのあり方にかかわる基本哲学のひとつととらえるべきだ。組織や集団をリードする立場にある人がフォロワーに対し、「尽くす」「仕える」という考えで接するときに生じるリーダーシップなのだ。それは組織や集団の目標を達成するために、何よりも基盤になるミッションの名の下に発揮されることなのである。

表面的には専制的で強烈だが、スピリットにおいてはサーバント・リーダーだという人もありえる。また、民主的に振る舞っていて、みんなの意見を聞いているようだが、ミッションがなく、サーバント・リーダーとは成り立ちが違うという場合もあるだろう。

新しい概念ゆえに、言葉の説明だけではわかりにくい部分が多いのも事実だ。だからこそ誤解されやすいのである。ここまで、十分な紙幅を割いてリーダーシップのとらえ方、サーバント・リーダーシップの考え方を説明してきたのも、そうした誤解を避けたいがためである。それでも、理論や解説だけではつかみ取れないものが残る。

百聞は一見にしかず。しっかりした実例から学ぶことができれば、サーバント・リーダーシップが、単なるサーバント的な表面的な行為ではなく、リーダーシップの単なる一類型でもなく、哲学であり、生き方でもあるということがわかるはずだ。

そこで第2章では、「サーバント・リーダーのお手本」ともいえる資生堂の池田守男相談役に登場してもらい、その現実の姿を語っていただく。池田さんは2001年から05年まで資生堂の社長を務め、自らはサーバント・リーダーに徹しながら、「店頭基点」のスローガンの下に経営改革を遂行した。

池田さんの考え、行動から、サーバント・リーダーのイメージをぜひつかみとっていただきたい（資生堂では地位にかかわらず「さん」づけで呼び合うことが自然に行われており、私もお会いしているときは「池田さん」と呼ばせていただいているので、本書でも同じように「池田さん」と表記させてもらっている）。

池田さんの語る仕事上の経験、仕事観、人間観、社会観などに耳を傾けると、サーバント・リーダーシップというのは、それらを貫く基盤にある哲学のようなものだということが、納得感を伴って理解していただけるだろう。

II サーバント・リーダーの経営改革

The servant leader's organizational transformation

1

サーバント・リーダーシップを生き方の基本姿勢に

サーバントに徹する気持ちが「公」の精神を生む

これからサーバント・リーダーシップについての持論を述べさせていただくが、その前に今、私が強く感じていることをお話ししておきたい。

私は現在、教育や少子化対策、男女共同参画などの分野で政府や経済団体等のお手伝いをさせていただいている。おかげで、広い視野で世の中を見つめる機会を、多く持てるようになったと思う。

そのなかで最近とくに感じるのは、企業においても、地域社会においても、個人の権利や生き方を強調するあまり、「公」の精神、つまりパブリックの精神が失われてきているのではないかということだ。とくにバブル崩壊後、その傾向が強まっている。個の権利や個の自由といったものを主張するだけで、他の人々のことを思いやったり、公の利益を考えたりすることが疎かにされている気がしてならない。

「公」の精神の根本にあるのは、人は助け合い、支え合わなければ生きていけないという当たり前のことである。元来、日本人には、優しさ、思いやり、そして感謝の心といったものが遺伝子として組み込まれ、相手の立場になって、相手を気遣うという精神がごく自然にはぐくまれていたはずだ。そしてそれは、奉仕の精神、つまりサーバントの精神につながることである。

サーバントとして人に「尽くす」「仕える」と言うと、対等な人間関係ではないかのように誤解されそうだが、けっしてそうではない。お互いにそういう気持ちになり、実践に移すことは「互助・互恵の精神」そのものであり、最も人間らしい関係性を生み出す。

私は「奉仕と献身」を信条として、今日まで歩んできた。だから、尽くすことでフォロワーを動かすサーバント・リーダーシップの考え方を知ったとき、私の思いに言葉が与えられたと思い、ごく自然にそれを受け入れ、自分のマネジメントのバックボーンにすることができた。

たしかに「オレについてこい」と先頭に立ってグイグイ社員を引っ張っていくタイプの

リーダーシップも必要かもしれない。しかし、社長が社員に尽くす、お客さま、お取引先をはじめ、会社のステークホルダーの方々に尽くす、そんなかたちのリーダーシップもあってもいいのではないか。徹底的に下から支えるリーダーシップがあっていいのではないかと思い、私は自分なりに考え、実践してきたつもりである。

そして今思うのは、相手を思いやり、相手に尽くすことをベースにしたサーバント・リーダーシップの考え方は、ごく身近な人間関係においても、基本とすべき考え方なのではないかということだ。

まず相手のことを考える。自分が相手にできることを考える。そしてそれを実行に移す。お互いがそうした気持ちで接していれば、助け合い、支え合う人間関係が生まれる。それこそが「公」の精神を育てていくのだと思っている。

つまり、サーバント・リーダーシップという考え方は、企業や組織だけに限られたものではなく、社会の一員として生きていく、人としてのあり方を見つめるうえでも必要な考え方なのではないだろうか。

大きなビジョン、ミッションがあってこそのリーダーシップ

サーバント・リーダーシップの考え方は、私のなかでは生き方の基本姿勢となっているのだが、第1章で金井さんが何度もおっしゃっていたように、とても誤解されやすい考え方でもあるようだ。

サーバント・リーダーシップを実践するには、自分が目指そうとしている大きなビジョン、明確な使命がなくてはならない。「サーバント」という言葉にとらわれて、ただ仕えることから出発するという誤解があるようだが、明確なミッション、ビジョンがあってはじめて実践できることである。それがあってこその「サーバント」であり、従者に終始するというサーバントではないのである。

とくに会社のような組織をサーバント・リーダーとして動かそうと思ったら、まず自分の中にミッション、ビジョンを明確に持ち、それを組織のメンバーたちに伝える努力が不可欠になる。ミッション、ビジョンの共有が、サーバント・リーダーシップの実践の前提になる。

私の場合は、「店頭基点の経営改革」というミッションを掲げ、逆ピラミッド型組織のイメージで、いちばん下にいる社長が全社員に尽くし、奉仕することを伝えた。そして静かに、粘り強く、社員を徹底的に下から支えるリーダーシップを実践したつもりだ。

一般に会社を変革するときには、強烈なエネルギーとパワーで社員を引っ張ってゴールに向かわせる、トランスフォーメーショナル（変革型）・リーダーシップが適していると思われているが、方法はひとつではないだろう。

大切なことは、変革の必要性や可能性を社員に理解させ、ゴールを示して、そこに主体的に向かうようにモチベートすることだ。私はサーバント・リーダーシップによってそれを実現したいと思ったのである。

あとでくわしく述べるが、金井さんとの出会いによってサーバント・リーダーシップを知り、その理解を深められたことは、私にとって大変幸運だったと思う。それまでにも持論のようなものを持ってはいたが、サーバント・リーダーシップを知ったことで自分自身の思い、使命を確信し、私なりのリーダーシップのあり方の輪郭が鮮明になり、これまで以上に自信を持って経営改革を進められる気持ちになった。

もちろん、私がやってきたことがサーバント・リーダーとしての理想形だと言うつもりは毛頭ない。ここで述べるのはあくまでも、私なりに考え、実践したサーバント・リーダーシップである。それでも、今の元気な会社の姿を見ると、自分のやり方は間違ってなかったのではないかというささかの自負もある。

では時計の針を戻して、私が社長に就任した経緯、取り組んだ改革の概要からお話ししていこう。

2　資生堂が目指した「店頭基点」の経営改革

「生涯一秘書」から社長へ

「こんなことを二度と繰り返してはならない……」

資生堂のマークのついた化粧品が次々と焼却炉に投げ込まれていく。私は神奈川県川崎市にある廃棄物処理場にいた。社長に就任した翌年、２００２年のことである。

目の前には膨大な数の自社商品が山積みされている。薬事法の改正によって、化粧品の全成分表示が義務づけられたため回収した旧表示の商品と、長年の商慣習から小売店が抱えていた過剰在庫を自主的に回収したものだ。まだ開封されておらず、使用できるものばかりである。

どれも社員が愛情を込めてつくった化粧品である。それが一度は小売店まで行きながら、お客さまに触れられることなく戻ってきて、今ここにある。それらを手に取りながら、「これがすべて葬り去られるのか」と、暗澹たる気持ちになった。

淡々と続けられる焼却作業を見ていたら、悔しさなのか悲しさなのか、自分でもわからない感情がこみ上げてきて、思わず涙がこぼれた。そして決心した。二度と同じことを繰り返してはならないと。あのときの涙は、今も忘れることはできない。

前年の2001年正月、私には大きな転機が訪れていた。

資生堂ではその年の4月から3年かけて、大規模な経営改革を行う計画が進められていた。副社長としてその計画づくりに携わり、準備に追われていた私に、思いもかけない話が持ちかけられた。福原義春会長（当時）、弦間明社長（当時）に呼ばれ、「次の社長を君に任せたい」と指名を受けたのである。

資生堂に入社してすぐ総務部秘書課に配属されて以来、役員になるまで秘書として働いてきた。秘書の役割は、役員に「仕え」、役員を「支える」ことである。クリスチャンで「奉仕と献身」（サービス・アンド・サクリファイス）を信条としていた私にとって、秘書はまさに天から与えられた仕事に思えた。だから私は「生涯一秘書」が自分の使命だと思い、一所懸命に務めてきた。取締役から常務、専務、副社長になっても、その思いは変わらず、歴代の社長に仕え、支えてきた。

社長の役割はトップダウンでリーダーシップを発揮することだと思っていた。私が社長になることは、作成中の経営改革案を先頭に立って推し進めるということだ。それはどう考えても、「生涯一秘書」の精神で「支える」ことに徹してきた私の任ではない。さまざまな思いが頭を駆け巡るなか、やっとのことで、「少し考えさせていただきたい」とだけ答えて、その場をあとにした。

その後、銀座の街をあてもなく歩いた。入社以来、本社のある銀座から離れたことがない。40年間、銀座の街とともに歩んできた。だから銀座には格別の思いがある。

どれぐらい歩いただろうか。ふと気づくと、いつも日曜礼拝に通っている銀座教会の前にたたずんでいた。すると突然、以前そこで見た新渡戸稲造の書が、頭の中によみがえってきた。「Be just and fear not」（正しくあれ、恐れるな）と墨痕鮮やかに描かれていた書。その文字がはっきりと脳裏に浮かんだとき、「これは天命なのだ。よし、引き受けようじゃないか」と腹が固まった。そう決心すると、社長という役割がこれまでと違うイメージでとらえられるようになった。

たしかにトップダウン型のリーダーシップを示すことが社長の役割かもしれない。しかし、それがすべてではないはずだ。社長は会社全体を支える存在である。であるならば、社長として全社員に仕え、全社員を支えることができるのではないか——との思いがふつふつと湧いてきた。

当時はまだ、「サーバント・リーダーシップ」という考え方があることも知らなかったが、自分が全社員を支える気持ちを前面に押し出し、それが社員にわかってもらえれば、経営改革に伴う痛みや苦しみを一緒に乗り越えられると思ったのだ。

同時に、おこがましいかもしれないが、業界でのリーダー的立場にある資生堂の社長であるからこそ、業界全体を支える役割も担えるのではないか、そんな思いを抱きながら会社に戻り、「力不足ではあるが、社長の任を果たして参りたい」と福原会長、弦間社長に伝えた。こうして私は社長としての第一歩を踏み出すことになったのである。

「初心に帰る」は「店頭に帰る」こと

「ビジョンや理念、方針はトップダウンであっても、実践においては現場の仕事が円滑に運営できるように、サーバントとして社員たちを支える存在でありたい」

社長に就任した私がまず考えたのは、このことだった。

当時の化粧品業界は、1997年に再販制度が完全撤廃されたあとの転換期にあった。再販制度はそれまで40年以上も業界・市場の秩序基盤となっていただけに、メーカーも小売店も、すべてが再販制度を前提としてそれぞれのビジネス、商売を組み立てていた。それが撤廃されたのだから、これまでどおりにはいかない。新しい販売制度、ビジネスモデルを創出すべく、各メーカーは試行錯誤を重ねていた。

一方で、外資系の高級ブランドの進出や、ドラッグストアの台頭、通信販売など新たなチャネルが攻勢を仕掛け、市場の勢力図も変わりつつあった。従来のやり方では生き残れないと、業界全体に危機感が広がっていた。そんな状況のなかで、資生堂も小売店と一体になって新たなマーケティングの構築を急がねばならず、私が託されることになった経営改革も、必然的にそこから着手することになった。

トップダウン・リーダーシップとサーバント・リーダーシップは表裏一体である。実践はサーバント・リーダーシップでも、理念・信条・方針はトップダウンで伝えていく。当時、改革の青写真はすでにでき上がっていた。しかし、それを実行するにあたって、社員たちが共有すべき精神、社員たちの心の拠りどころとなるバックボーンが必要なのではないか――それは、私が副社長時代からずっと思っていたことだった。

新しく出発するとき、思い悩んだときは、「初心に帰る」ことだ。ならば、資生堂という会社の初心に立ち戻ってみよう。会社にとっての初心といえば、創業の精神以外の何ものでもない。

資生堂の創業の精神は、社名に明らかだ。社名の「資生」は、中国の四書五経のひとつ、易経の「至哉坤元、万物資生」（いたれるかなこんげん　ばんぶつとりてしょうず：大地の徳はなんと素晴らしいものであろうか。すべてのものはここから生まれる）に由来する。「天地のあらゆるものを融合させ、新しい価値を創造してお客さまや社会に貢献する」という創業者の決意が、この言葉に込められている。

お客さまや社会の役に立つ、これが社名の「資生」に込められた思いそのものである。この意味をもう一度、ゼロベースで見つめ直してみよう。そこに込められた精神をもう一度かみしめてみよう。そこから新たに出発しようではないか。そんな思いが私の心のなかに広がっていった。

もちろん、これまでも「お客さま」をおろそかにしていたわけではない。しかし、その「お客さま」とは会社側から考えるお客さまであって、真にお客さま側に立っていなかったのではないか。本当にお客さまの立場で、商品やサービスを考えていたのだろうか。「お客さま」をもう一度、真っ白な気持ちで見つめ直してみよう。そのために、創業の精神に立ち返って、今の時代のマーケティングをつくり上げよう。私は決意を新たにした。

ものをつくり、販売する当社のような消費財メーカーの場合、メーカーと販売店、そしてお客さまの三者が出会う最も重要な場所は「店頭」だ。私たちのつくった化粧品が、販売店の店頭に並べられ、販売員を介してお客さまの元に届けられる。店頭に私たちのビジネスのすべてが集約されているのである。その店頭を基点にして、すべての活動を見直すべきではないか。そんな思いが、「店頭基点の経営改革」につながっていった。

同時に、店頭基点で経営改革を進めることは、ビューティー・コンサルタント（ＢＣ）をはじめ、最前線にいる社員たちを営業所や本社の人間が支えていくことが必要だ。それはサーバントとして下から支えるという考え方を、全社員で共有することにもなるのだ。そう考えると、「店頭基点」こそが改革の旗印として掲げるにふさわしいスローガンに思えてきた。

店頭基点のポイントは、お客さまの動き、すなわち店頭の動きに、会社のすべての動きがかみ合うようにすることだ。まず、お客様はもちろん、店頭でお客さまと接するＢＣ、それを支える販売会社の営業担当など、販売第一線の人たちが心からよいと思える化粧品をつくらなくてはならない。売る側が自信を持って勧められる化粧品でなければ、お客さまに満足していただくことはできないからだ。そして広告宣伝など、さまざまな手法で店頭を支援することで、店頭を活性化させたい。それが最終的には、お客さまへの奉仕につながる。

　ものづくりから始まって、マーケティングにかかわるあらゆるものを店頭基点というひとつの大きな命題のもとに見直していく。それぞれの質を向上させていけば、それはそのままお客さまの喜びに通じるものになる。つねに店頭から発想することによって、お客さまの喜びを追求する。徐々にそんな雰囲気が醸成されていった。

　店頭でお客さまに合った化粧品を紹介し、喜んで買っていただく。そしてその化粧品をお客さま自身で使っていただき、美しく、そして心豊かになっていただく。店頭を介してお客さまに心から喜ばれ、感謝される会社になることこそ、店頭基点の改革の究極の目的なのだ。

　お客さまとの関係性強化のためには、まずお客さまの立場になって考え行動すること、すなわち、「お客さまのために尽くすこと」「奉仕すること」「サーバントに徹すること」が関係性を深め、その結果、信頼関係が構築される。

　だから私たちは、それぞれの部署で組織の長に奉仕するのではなく、お客さまや社会に奉仕する。こうした組織運営により、社員は指示を待つことなく、自ら考え行動するようになる。また、販売第一線の社員は、全社員から支えられているという意識を持つことで自信と誇りが生まれ、それが働く喜びや生きがいにつながり、多様性と魅力にあふれた企業づくりが可能にもなると私は信じていた。

いわば「店頭基点」というスローガンは、資生堂版のサーバント・リーダーシップに欠かせない旗印だったのである。

逆ピラミッド型組織の発想

大げさな言い方かもしれないが、私は店頭基点の経営改革に、命を懸ける決意を固めていた。この改革を成し遂げることが私の使命であると任じていたからだ。社長就任直後の記者会見で抱負を聞かれた際には、聖書の一節にある「一粒の麦」という言葉を引用し、自らの覚悟を語った。

「一粒の麦、地に落ちて死なずば一粒にすぎず、されどその麦、地に落ちて死なば、多くの実を結ぶなり」

私はこの「一粒の麦」に徹したいと思った。一粒の麦の思いで、全社員を支えていこうと思ったのである。

先述したように私は、社長という役割をお客さまや社員に仕えることと、支えることだととらえていた。すなわち、私の役割はサーバント（奉仕する人）なのだ。社長になってからは、この思いをマネジメントにあたって具現化できないかと思案していた。そして、このイメージを社員に目に見えるかたちで提示する必要性を感じていた。

そんな思いを抱えていたある日、社長室のデスクに戻ろうとした私は、机の上に広げてあった当社の組織図にふと目を止めた。そのとき私は、ピラミッド型の組織図をちょうど反対側から見る位置にいた。ピラミッドのかたちが、逆三角形になっているのを見て、「これだ」とひらめいた。

通常、企業の組織図は、いちばん上に社長やＣＥＯがいて、その下に取締役や執行役員、そこから下方に枝分かれして部長、課長が置かれ、いちばん下に一般社員がいるというピラミッド型に描かれている。しかし、それを逆にすると、一般社員がいちばん上に位置し、いちばん下に社長という図になる。

これを当社に当てはめると、お客さまがいちばん上にきて、その次に店頭でお客さまと接するビューティー・コンサルタント（ＢＣ）や営業担当などの販売第一線がくる。そして、支社の部長や支社長、続いて研究開発、生産、物流、マーケティング、宣伝、販促活動などの本社部門、次に役員、そしていちばん下が社長である私となる。逆ピラミッドの

「店頭基点」を実現するための、
お客さまを頂点にした逆ピラミッド型組織

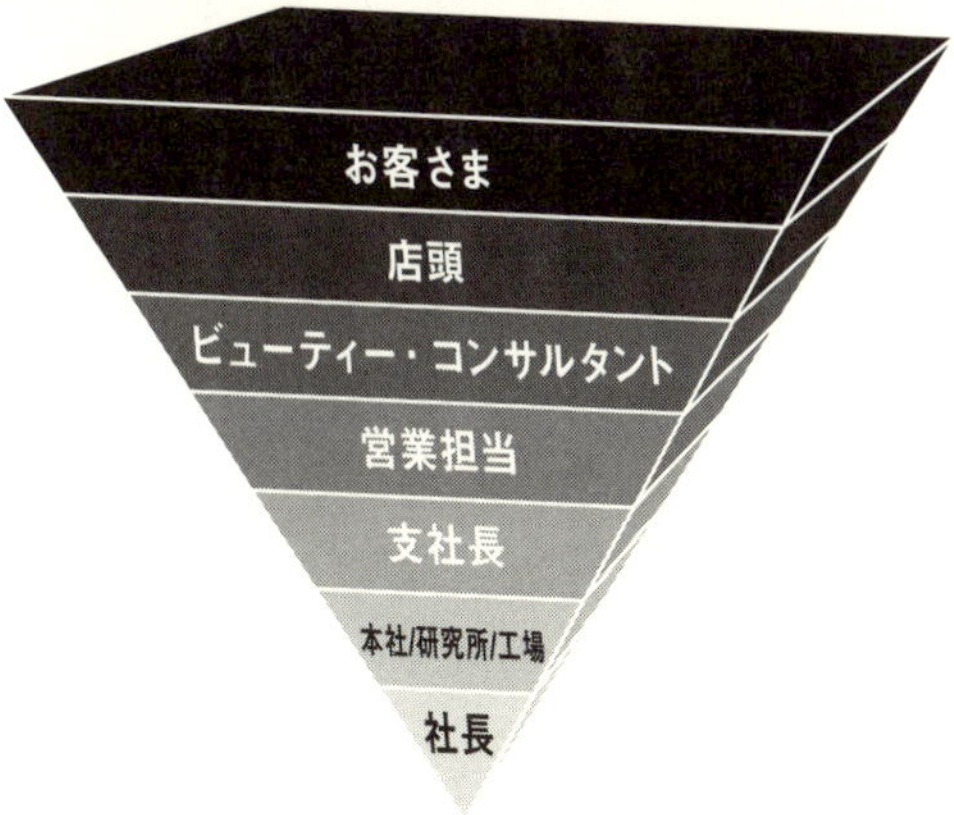

いちばん下にいる私が、すべての人を支えるということがはっきりとわかるかたちだ。

この逆ピラミッドのかたちこそ、まさしく私たちが目指している店頭基点の精神に、そして「仕える」「奉仕する」という私の信条にも一致する。この組織図を用いて「仕える」「支える」という精神を語りかければ、よりわかりやすく、具体的に私の考え方を社員に伝えられるはずだ――そう確信したのである。

当時、偶然見たNHKスペシャル「変革の世紀② 情報革命が組織を変える～崩れゆくピラミッド組織」（２００２年５月12日放映）という番組で、アメリカ陸軍の組織について取り上げていた。

アメリカ陸軍は、当然のことながらトッ

プダウンの指揮命令系統で、ピラミッド型の組織になっている。しかし、敵と対峙する第一線で入手する情報が、戦略の立案、戦術の遂行において非常に重要な意味を持ってくる。そのため、組織図にすると第一線の戦闘部隊がいちばん上に位置し、そこで得た情報が最下層にある参謀本部にまで下がっていくように、逆ピラミッド型の組織にすべきだという考えが強くなっていると伝えていた。その番組を見て、逆ピラミッド型の組織のイメージがより強く固まっていった。

この逆ピラミッド型の組織で私がどんな役割を果たし、どのようにして社員たちの意識改革を図っていったかについては、次節でくわしくお話ししよう。

3 逆ピラミッド型の組織で店頭が、そして社員が変わる

全店舗を対象にPOS導入を進める

店頭基点の改革の具体策としては、大きく2つのことに取り組んだ。販売店へのPOS導入とブランドの絞り込みである。

まず取り組んだのは、販売店へのPOS導入である。その狙いは、店頭での売上動向を把握し、各店の在庫正常化を図るサプライチェーン・マネジメントを推進するとともに、営業担当の売上予算の仕組みを抜本的に改革することにあった。

それまでは、販売店に商品を卸した段階でのメーカー側の売上が、営業担当の予算に計上されていた。したがって、実際に店頭でどういう商品がどれくらい売れたかを正確に把

握できなかったのである。

また、この仕組みでは、販売会社の営業担当が販売予算を達成するために、販売店にお願いして商品を仕入れてもらうケースも散見された。販売店側としても、仕入額に応じて報奨金を受け取れるようになっていたため、実際に売れ行きが悪くても商品を余分に仕入れることも起きてくる。この売上予算の仕組みは、これまでにも改善したいと思いながらも、なかなか手をつけられない課題であった。

そこで、ＰＯＳの端末機を各店舗に無償で貸し出し、実際に店頭で商品が販売された段階で販売実績とし、報奨金も実売額に応じて支払う方式に改めることにしたのである。当然のことだが、ＰＯＳデータを活用して、店舗ごとの商品売れ筋動向を細かく把握し、生産計画やサプライチェーンの改革、そして商品開発に生かしていくことも目指した。

だがこれは、思った以上に大変な仕事だった。第一に、数の問題だ。当時、全国に約２万５０００店あった専門店を対象にＰＯＳを導入するのは、一朝一夕にできることではない。

第二に、これを機に取引制度を抜本的に改めようという私たちの意図に対し、販売会社の営業担当が懐疑的だったことだ。「ＰＯＳ導入はあくまで形式的なものにすぎず、売上予算の仕組みを、店頭売上を指標にして変更し、報奨金まで連動させるように変更するなんてできるわけがない。そのようなことをすれば逆に仕入額を抑えられ、会社の売上が大幅にダウンする。そんな犠牲を払ってまで経営陣が実行するはずがない」という声が、あちこちから聞こえてきた。

さらに難しかったのは、販売店の理解を得ることだった。「必ずみなさんにプラスになることです」とアナウンスしたが、こちらも半信半疑である。客数の多い大型店舗はともかく、化粧品専門店のような単独の店舗では、ＰＯＳを導入してもたいしたメリットはないという意見だった。

しかし、インフラを変えない限り、私たちが目指す店頭基点の経営改革は進まない——その信念のもとに、ＰＯＳ導入を敢行した。結果的には、約1年かけて全店舗の80％に導入することができ、2年目から導入の効果がかたちとなって表れてきた。全店から日計が上がってくるので、営業担当は毎日、どの店舗で、どの化粧品が何個売れたかを、即時に掌握できる。これらのデータに基づいて、販売計画の立案や店舗別の打ち合わせが行えるようになってきたのである。

そうなると営業担当の意識も変わってくる。全体の売上金額にばかり目がいきがちだった営業担当が、一つひとつの商品の動きを軸に、販売店やお客さまの視点に立った提案やアドバイスを行うようになり、店頭を「支える」営業をするようになっていったのだ。また、販売データの分析結果をベースにして、営業担当とビューティー・コンサルタント（BC）の間でのミーティングが日常的に行われるようになり、連携も密になった。

そして販売店のため、そして店頭に来てくださるお客さまのために、どうすれば役立つことができるかを、みんなが考えるようになってきた。つねに私が目指している「仕える」気持ちが、社員たちの心のなかにも芽生えてきたのである。

POS導入という「かたち」から始めた店頭基点の改革が、社員の意識改革にもつながり、それぞれの持ち場でサーバントに徹する姿勢が徐々に培われていったのだ。それを実感したとき、この経営改革はきっとうまくいくという思いを強くした。

時代に合わなくなった商習慣からの脱却

同時に、時代に合わなくなった商習慣のもとで販売店が抱えていた過剰在庫を、会社が自主的に回収するという決断も行った。

どこの業界もそうだったと思うが、日本経済が高度成長を続け、人々の生活が右肩上がりで豊かになっていた時代には、化粧品はつくれば売れるという状態で、メーカーも販売店にも、いつしかそういう認識が染みついていた。

ところが安定成長期になると、そうはいかなくなってきた。徐々に販売店に在庫がだぶつくことが増えてきても、それまでの成功体験からなかなか脱却できず、高度成長期の商売のあり方を大きく変革することもできなかった。化粧品ビジネスには、ファッションとしての特性から新商品をタイムリーに打ち出していくという販売戦略がある。しかし、よほど画期的な商品でない限り、発売当初は勢いがあったとしても、それを維持することはできない。その結果、在庫が増え続けるという悪循環に陥った。

これは資生堂に限ったことではなく、当時の業界全体の問題でもあったと思う。この悪循環を断ち切るためには、偏在している市場在庫の自主回収を決めざるを得ない。しかし、それによって特別損失が発生し、売上が大幅に圧迫されることになる。とはいうものの、お客さまやお取引先のことを思えば、避けては通れない道だ。であるならば、早いほうがいい。そうした使命感が、自主回収の決断に結びついたのだった。結局、この年に計上した特別損失572億円のうち、約340億円がこの市場在庫の回収によるものだった。

高くジャンプしようと思えば、一度ひざを折り、身をかがめなければならない。今はその〝かがむとき〟だと、株主総会や決算発表のときなど折に触れ言い続け、理解を得られるように努めた。有難いことに、株主をはじめ、関係者の賛同をいただき、将来の発展のために頑張れというようなエールまで送っていただいた。

そんな思いでの決断だったから、回収した化粧品が処分されるときには、脳裏に刻み込むためにも、この目でしかと見届けたいと思っていた。それで川崎市の廃棄物処理場まで出向いたのだった。

そのとき、社員が愛情を込めてつくった化粧品をこのような状況にしてはならないと強く思ったのと同時に、地球環境保護という面からも、このようなことをしてはならないと思った。

もちろん「返品ゼロ」が現実には大変難しいということは承知している。しかし、これを機会に、二度とこうしたことを繰り返さないために、ものづくりから販売までを見直し、すべてのムダをなくそうと考えた。そしてＰＯＳの導入やサプライチェーン改革を進めた結果、精度の高い生産計画、販売計画が立てられるようになった。そして何より、制度の改革によって、社員の意識が変わり、健全なかたちにもっていくことができたと思っている。

上の地位にある者が、第一線に指示をして仕事の仕方を変えさせるのではなく、第一線がやりやすいように仕事の環境を整え、彼らの自主的な改善を後押しするサーバント・リーダーシップの考え方が、社員の意識改革に変化をもたせた。お客さまに尽くし、感謝されることで社員のやりがいを高めるという好循環が生まれつつあり、そのことで、店頭が活気づいていくことが私は何よりもうれしかった。

100のブランドを30に絞り込む

もうひとつ大きな改革は、100以上あったブランドを3分の1に絞り込むことだった。これは理論や理屈から導き出したテーマというよりも、このくらい大胆な改革を行わないと、お客さまやお取引先のためにならないのではないかと考えたからだ。

当時、資生堂では約100のブランド、6000品目以上の商品をつくっていた。新商品に依存した体質から抜け出せていなかったのだ。結果として、発売時にはよく売れるが、その後、急激に売れなくなってしまう「L字型」の商品が数多くあった。

また、商品アイテムの多さは、店頭での混乱にもつながっていた。ひとつの店舗で全商品を扱うわけではないが、半分としても50ブランド、3000アイテムになる。それらの商品知識をお取引先の販売主務者や店頭のビューティー・コンサルタント（BC）が頭に入れ、それぞれの特徴をお客さまに説明するのは、現実として困難であった。

いっそのこと、ブランドの数を今の半分、いや3分の1ぐらいに減らしてみたらどうだろうか。たとえば3つのブランドをひとつに絞れば、そのひとつに3つ分のエネルギーを注げることになる。そうすれば販促にも宣伝にも、今の3倍の時間と手間をかけられる。BCたちも店頭で、自信を持ってお客さまに商品の説明を行えるようになる。

しかし、ことはそれほど単純ではない。一方で、それぞれのブランドを、長年愛用してくださるお客さまがいらっしゃるのも事実だ。そういったお客さまにできるだけご迷惑をおかけしないようにしなければならない。そのことを念頭に置き、慎重にブランドの整理・統合を進めていった。

サーバント・リーダーは、ただ支えていればよいというものではない。必要があればお客さま、そして第一線に尽くすという立場から、先頭に立って大きな決断も行わなくてはならないのだ。

私の社長時代は、ブランドの整理が主だったが、現在の前田社長になってからは、「選択と集中」の効果により、改革が大きく花開き、さまざまなメガブランドが誕生した。結果として、開発現場のモラールは格段に上がっている。メーキャップの〈マキアージュ〉や男性用の〈UNO〉、ヘアケアの〈TSUBAKI〉といったブランドは、現在多くのお客さまの支持をいただいている。

4 サーバント・リーダーシップ理論との出会いと社内への浸透

サーバントとして部下を支え、やる気を引き出す

改革が軌道に乗ってくると、社員に私の考えが浸透し社内全体で「店頭を支えよう」という思いが共有されつつあることを、さまざまな場面で感じることができるようになった。

そんなある日、「日経ビジネス」を読んでいて、神戸大学の金井壽宏先生が書かれた「人事部や法務部などの企業の本社スタッフ部門はサーバント・リーダーであるべき」というコラムに目が止まった。小見出しの「サーバント・リーダーシップ」という言葉、これはなんだろうと思って記事を読むと、「人事部は会社を支える部署なのだから、人事に

携わる者は全員サーバントであるべきだ」という内容で、サーバント・リーダーシップについて簡潔な説明がされていた。

それを読んで、これこそ、まさしく私が考え続けてきたことだと思った。そして、サーバント・リーダーという考え方は、イエス・キリストが弟子の足を洗ったという故事のように、上の地位の者が下の者を支えるという考えと、まったく同じではないかと思い至ったのだ。そうであるならば、私の信条とするところの「奉仕と献身」（サービス・アンド・サクリファイス）というものを、マネジメントのスタイルとして生かすことができるのではないか——こうして私は、「サーバント・リーダーシップ」の考え方に出会い、深く知りたいと思うようになった。

それで金井さんに連絡を取り、薦められた『新・リーダーシップ教本—信頼と真心のマネジメント』（ケン・ブランチャード著　生産性出版刊　２０００年）を読んだのだが、あらためて目を開かされる思いがした。

この本では、牧師と教授、そして事業家が、自省や自己観照をふまえて行う対話をベースにして、「奉仕者型リーダー」の特徴や行動スタイルなどを解説していた。私も企業人として、クリスチャンとして、そしてみずからの経験からマネジメントのあり方について自分なりの考え方を持っていたつもりだったが、それを読んで、ずっと模索していたことへの解答を与えられたような気がした。

この本との出会いによって、自分の考え方や思いに確信を持ち、自分の使命はこの道をまっとうすることだと、気持ちを新たにすることができたのである。

その矢先、ある雑誌でアサヒビールの樋口廣太郎会長（当時）と対談する機会があった。そこで私は、「生涯一秘書の考えでやってきた自分は、社長になっても支えて仕えるという考えを通してきた。それはサーバント・リーダーシップというものに近いらしいが、これからもそれに徹していきたいと考えている」と話すと、樋口さんは「それをあなたの旗印にして、究めていきなさい」と、力強いエールを送ってくださったのだ。

言うまでもなく樋口さんは、アサヒビールを「スーパードライ」で業界トップにまで押し立てた立役者。そのリーダーシップと経営手腕は業界の枠を越えて高く評価されており、私の尊敬する経営者のひとりだ。

その樋口さんにこう言われて、サーバント・リーダーシップの重要性についてさらに確信を深めたのだった。そしてそのとき、見えない力が自分を導いているような気がした。理屈ではなく、何かが私をその方向へ進ませようとしている。サーバント・リーダーシップを実践し、追求していくことが私らしいリーダーシップのあり方ではないか。そんな思いが現在まで続き、私の力になっているのである。

現場の意見を吸い上げてフィードバックする

サーバント・リーダーシップは、部下をサポートしていくこと、支えていくことがその行動の原点であり、資生堂においては、社員一人ひとりが店頭基点に徹することが、その精神につながると考えていたので、リーダーシップ理論として社員たちに説いたわけではない。ただ「お客さまに奉仕し、お客さまの喜びを全員が目指していく」「全員が第一線をサポートする」というメッセージは、ことあるごとに発信するように心がけていた。

社長就任後ほどなくして、私の考え方を社員全員に理解してもらう必要性を感じ、社員がいつでも、だれでも見られるように、イントラネットで私の「想い」を伝えることにした。タイトルはそのまま『想い』だ。一度言っただけではなかなか伝わらない。何度も繰り返し信念を語り続けることが大切であり、メッセージを発信し続けることが、私の想いを社員の心に届けるいちばんの近道でもあると考えて、社長在任中の４年間、継続して発信し続けた。

こうした私のメッセージに対して、店頭のビューティー・コンサルタント（ＢＣ）や支社の社員たちからはメールや手紙、口頭など、さまざまなルートを通じて、多くのレスポンスをもらった。これは改革の進捗状況を判断したり、新たな課題を発見したりするうえで、非常に有益であった。私のメッセージに対する感想や、具体的な改善提案、本社に対する希望や注文や提案など、現場の忌憚のない意見をずいぶん吸い上げられたと思う。

それらに対しては、相手が特定できるものに関してはどんなに些細な内容でも、必ず返信することにしていた。また、すぐに実施できるような提案は、即座に実行するように心がけた。

社員の意見を聞いて感じたことは、すべてのことを店頭中心に据えていると言いながらも、ものづくりにしても、宣伝にしても、販促にしても、つくる側や管理する側の論理がまだまだ強く、店頭の声を十分に反映できていないということだった。

つくる側が強い信念を持つことは大切である。しかし、それが独りよがりになってはならない。たとえば在庫管理。商品が足りない支社があるかと思えば、別の支社では余っているということもあった。品切れになるより残ったほうがあとあと面倒がないので、つい多めに発注する。販促品にしても、足りなくなるよりは多めにつくっておいたほうがいいだろうと、余分につくることが少なからずあった。そして、そういったことに対するチェック体制が残念ながら十分ではなかったのである。

以後、商品にしても販促品にしても、支社と本社でキャッチボールを行い、精度の高い数を導き出すよう努力した。そして、責任の所在を明らかにするシステムづくりにも心を砕いた。

上司を見るな、お客さまのほうを向こう

このほかにも意識的に心がけたのは、ミドル層の意識改革である。どのような企業であれ、経営改革が成功するかどうかは、マネジメントを担う中間管理職が、改革の目的と必要性を理解し、自分の課題として取り組むか否かにかかっている。彼らは従来型の組織でも逆ピラミッド型の組織でも、要となる重要な存在なのである。

だから私は、ミドル層に対して、ことあるごとにこう言い続けた。

社員の目はつい上司のほうを向きがちだ。しかし、店頭基点の精神にのっとれば、お客さまのほうを向いていなくてはならない。上司である中間管理職は、部下に対して、自分のほうを向いて仕事をするのではなく、お客さまのほうを向いて仕事をするように自らが率先して指導すべきだ。私はもちろんのこと、上司であるあなたがたこそ、お客さまのほうを向き、部下を支えるという意識を持つべきだ、と。

言葉として「サーバント・リーダーになれ」と言ったわけではないが、サーバント・リーダーとして部下に接するように求めたのである。「上司を見ないで、お客さまのほう

を向こう」という考え方は、サーバント・リーダーシップの考え方そのものである。彼らに存分に能力を発揮してもらわなければ、店頭基点そのものがぐらついてしまうという危機意識からだった。

しかし、理屈のうえでは理解できたとしても、マネジメントのやり方はそう簡単に変わるものではない。そこで、販売会社の支社長クラスをはじめとして第一線の管理職を20人程度のグループに分け、土・日曜日や就業時間後を使って意見交換会を行うことにした。

私のほうからは、店頭基点の重要性と、本社スタッフはもとより、役員も彼らを支える意識でいることを伝え、一方で彼らの目に役員や本社がどのように映っているか、彼らの仕事を本当にサポートできるようになっているか率直に聞かせてもらうよう努めた。

販売の担当役員も同席を希望したため、彼らの意見を聞くことが目的であるからいっさい口出しをしない、どんなに耳障りなことを言い出しても黙っていることを条件に、同席をしてもらうことにした。私たちはあくまで聞き役に徹し、彼らの意見に真摯に耳を傾けた。するとわれわれと第一線の間に認識の差があることがわかってきた。

それらをきちんと把握したうえで、本社や経営陣が反省すべき点は謙虚に反省し、一方で私たちの意図が正確に伝わっていないところはあらためて説明し直し、実行できるものは実行するようにしていった。そうやって、本社のスタッフや経営陣が、サーバントとして彼らをしっかり支えていくことの重要性を伝えたのだ。1回の意見交換会には5時間ぐらいをかけ、約2カ月でこれを繰り返すことで、販売第一線と本社の距離を縮めていった。

並行して、ビューティー・コンサルタント（BC）や営業担当の声を直接聞く場も設けることにした。これを当時のNHKの人気番組にちなんで「BCプロジェクトX」と名づけ、月に一度、6〜7人に集まってもらい、2〜3時間ほど話し合う会を持った。

第一線の人間が何に悩み、何を問題と考えているのか、直接聞いてみたかったのだが、はじめてみると、第一線からの提案が、本社には伝わっていないことが多々あることがわかった。組織には往々にしてそうした事態が発生してしまう。こうした状況を打開するには、話し合いで出た一つひとつの改善提案をすぐに実行し、それを突破口に次につなげていくというスピードと連続性が必要だ。

そのひとつがBCの制服に対する改善希望だった。当時の制服は、環境への配慮を優先して考え、素材は再生プラスティックを使ったエコ仕様、デザインも優れたものだった。

ところが女子社員が実際に試着し、意見を出し合ってつくったにもかかわらず、実際に店頭で着て、仕事をしてみると、機能的ではないというのだ。ひじの部分が伸びずに手が動かしにくい、下にある商品をとろうとするとスカートがタイトすぎてかがめない、全体的にスリムなつくりで余裕がなく締めつけられる感じがするといった欠点がいろいろ挙げられた。環境への配慮とデザインを優先したため、実際に店頭で接客するときの動きへの配慮が不十分だったのである。

当然のことながら、制服は機能的で実用的なものでなければならない。また、美を提供する化粧品会社の制服であるから、ファッション性をも兼ね備えたものでなければならない。さらに一日中着用するので、着心地のよさという視点も必要だ。もう一度それらを考え合わせたうえで、費用はかかっても迅速に制服をつくり直すように指示を出した。

この制服の改善が象徴的な事例となった。本社が自分たちの意見に真剣に耳を傾けてくれた。自分たちの提案を取り入れてくれた。しかもスピード感を持って。このように店頭のことを考えてくれるのであれば、これからも自分たちの提案を受け入れてもらえるのではないか――そんな雰囲気が販売第一線の社員たちの間に広まっていったのである。

サーバント・リーダーとして社員に仕え、支えることは、何も社員たちの機嫌を取ったり、すべての要求に応じたりすることではない。社員がお客さまのほうを向いて仕事をしている限りは、彼らの仕事に気を配り、より働きやすいように、より成果を出しやすいように、上司として自分にできることを考え、速やかに実行することだ。それがお客さまのためになり、社員のためになり、会社のためになり、最後は自分のためにもなるのである。

5

私が考えるサーバント・リーダーの条件

使命感をもって仕事に臨む

私は、人間が生きていくうえで必要なもののひとつは「使命感」であると思っている。社長を退いてから1年会長職を務め、そして相談役となった今も、そのことを痛感している。

それぞれの組織には、いろいろな仕事があるが、本来、そのなかには、ひとつとしてムダなものはないはずである。ある仕事を継続的に任されていることもあれば、ある時期だけある役割を任されるということもある。ある日、ある時間だけする仕事もあるだろう。

はたから見てどんなに小さな仕事、あるいは利益に直接結びつきそうにない仕事であっても、その仕事をする人がいなければ組織は動かないということを思い起こしていただきたい。与えられた仕事や役割の大きさにかかわらず、組織のなかで仕事をする、なんらかの役割を担うということは、ひとつの使命を与えられているということである。

与えられた使命と、自らが考えている使命とのギャップが出てくることもあるだろうし、その役割は自分の使命ではないと感じることもあるだろう。それでもまずは、与えられた役割をやり遂げることに集中する。そのうえで、自分なりのプラスアルファをつけていかなければ、仕事に対して喜びを感じることはできないと私は考えている。

どんな仕事であれ、仕事をするからには、その仕事に喜びを感じてほしい。そのためには、仕事や役割を自分なりに咀嚼して、そこに自分で使命を見出していくことが必要だ。それを追求し、周囲から感謝されることによって、仕事をすることの喜びを感じられるのである。そうして喜びを感じることが、働きがい、生きがいにつながっていく。

自らの役割、使命を理解し、それをまっとうする過程で「支える」「仕える」ことに徹することができる人が、サーバント・リーダーだと私は思う。使命感を持って仕事に臨めない人に、サーバント・リーダーは務まらない。

ことあるごとに、「お客さまのサーバントに、お取引先のサーバントに、全社員のサーバントに徹します」と公言してきたからか、最近、サーバント・リーダーシップについてお話しする機会をいただくことが増えてきた。その際、「サーバント・リーダーシップを実践するために心がけないといけないことはなんでしょうか」「サーバント・リーダーの条件はなんでしょう」という質問をされることがよくある。

今となっては笑い話だが、社長に就任したころ、週刊誌の記者にサーバント・リーダーシップについて話をしたら、「資生堂の社長は社員の召使い」という見出しの記事が出てびっくりした。「それでもいいじゃないか」と開き直った覚えがある。

しかし、こういう質問に理論的に答えるのは難しい。サーバント・リーダーシップについて学問的に学んだわけではなく、私の歩みや資生堂という会社の精神から、おのずとたどり着いた考え方だからだ。したがって、そうしたご質問をいただいたときには、聖書の一節、「与ふるは受くるよりも幸ひなり」がその精神だと答えている。その言葉にすべてが集約されていると言っても過言ではない。

「与ふるは受くるよりも幸ひなり」

受けることの喜びよりも、与えることで得られる喜びのほうがはるかに大きい——そう思えることが、まさしく奉仕の、サーバントの精神である。

与えられたという受け身の気持ちを、能動的なものに置き換える。それが人間としての本来の姿であると私は思っている。人間は自分でも気づかないところで、多くの恩恵をさまざまな人や自然から与えられて、「生かされている」のである。そう思えばおのずと感謝の念が湧き起こり、今度はそのお返しをしたいという気持ちが生まれ、アクティブな行動につながっていく。それが与えることである。サーバント・リーダーシップの原点はまさにそこにある。

企業という組織のなかでも、それは同じことだ。社員一人ひとりが、与えるという気持ちを持ち、信頼の輪が広がっていけば、一人ひとりは小さな存在だが、社会全体を動かす原動力となる。資生堂には現在、2万8000人の社員がいる。2万8000の信頼の輪がつながっていけば大きな力をつくることができるはずだ。

ギブ&テイクではなくギブ&ギブに

私たち資生堂は「質の高い化粧品をつくり、お客さまへお届けする」という本業を通じて、お客さまが美しく、そして明るく健やかな生活を送れるようにお手伝いをするという役割を担っている。その役割を果たすためには、その根底に「与える」精神がなければならないと私は思っている。そして多くの方々に「幸せを与える」「元気を与える」ことができたら、こんなにうれしいことはない。

以前、聖路加国際病院名誉院長の日野原重明先生とお会いしたとき、最近は社会全体で「与える」という思いが欠落しているのではないかという話になった。

「世の中がギブ&テイクではなく、テイク&ギブになっている」と日野原先生がおっしゃるので、「いや、先生、もっと深刻ですよ。テイク&テイクになっているのではないでしょうか」と答えた。すると先生は、「世の中がそうなっているのなら、池田さん、あなたはギブ&ギブに徹しなさい。あなただけでなく、資生堂全社を挙げてギブ&ギブに徹しなさい」とおっしゃった。たしかに、そのとおりである。それ以来、「ギブ&ギブ」という言葉が私の辞書に加わった。

奉仕の精神、サーバントの精神はいつもの私の心にある。同じ思いが、表現やかたちは違っても、資生堂の現経営陣、そして社員たちの心に引き継がれていると思っている。

現在取り組んでいる財界活動や教育再生会議、公益認定等委員会など、さまざまな役割を果たしていくうえでも、この気持ちだけは変わらない。サーバントの精神を自ら率先して具現化していくことが、私の使命だと今、あらためて感じている。

6

『武士道』に「接ぎ木」の精神を学ぶ

宗教心が芽生えた原体験

人の役に立つこと、だれかに喜んでもらうことが無上の喜びで、「奉仕と献身」を信条としてきた私だが、そこには生まれ育った環境が多分に影響しているのではないかと思っている。ここでは、私がこうした考えを持つに至った背景について述べさせていただこう。

私の生まれ育った香川県高松市は、瀬戸内海と讃岐山脈に囲まれた自然の恵みが豊かな土地である。加えて、香川県は弘法大師・空海の生誕の地であり、四国霊場八十八カ所巡りをするお遍路さんを温かく迎え入れる「お接待の文化」が、伝統として脈々と受け継がれてきたところである。

私は子どものころから熱心な仏教徒である祖父母が、お遍路さんを「お接待」する姿を身近に見て育った。お接待とは、お遍路さんにものをただ差し上げるということではない。ものを差し上げる機会を与えられたことに感謝し、その気持ちを添えて行うものだ。だから、私にも感謝しながら人のお世話をさせていただく気持ちが自然と育まれたように思う。

子どものころの記憶で、脳裏に強く焼きついているシーンがある。

たしかあれは4歳か5歳のころのこと、寒い冬の日だった。うちわ太鼓を叩きながら町内を練り歩く日蓮宗の寒稽古に、祖父母に連れられていった。私も小さなうちわ太鼓を叩きながら、人々の後ろをついて歩いていた。そのとき、非常に厳粛な空気を感じ取り、何か人知を超えた大きなものに対する畏敬の念が湧いてきたのだ。そして子ども心にも、人間がとても小さいものであるということを全身で感じた。人間を超えた大きなものの存在を、生まれてはじめて感じた瞬間だった。

そのとき抱いた感情があまりに強烈だったため、寒稽古の光景を今でも鮮明に覚えているのだと思う。この出来事が、小さいころから自然に宗教心を持つようになった私の原体験である。

西洋文化への憧憬

小学3年生のときに終戦を迎え、アメリカの文化が日本に入ってくると、ほかの子どもたちと同じように映画や雑誌、音楽（ジャズ）を通して西洋文化に強いあこがれを抱くようになっていった。

とくに当時はやっていたハリウッド映画は、派手なアクションものやSFものではなく、「日曜日には家族そろって教会に行く」というようなアメリカの普通の家庭を描いた、心安らぐホームドラマのようなものが多かった。

父親は平日どんなに忙しくても、日曜日になると奥さんと子どもたちを連れて町の教会に行き、神に祈りを捧げる。そして礼拝後は、教会というコミュニティのなかで地域の人たちと語り合い、楽しく時間を過ごす。

教会を中心にした人々の平和な暮らし。なんとなくおしゃれで、豊かで、文化的な香りのする家庭。銀幕に映し出される未知の世界への憧憬が、教会、ひいてはキリスト教に対する興味・関心へとつながっていったのである。

県立高松高校に入学したころ、自宅の近くに変わった建物を見つけた。内部をのぞき込むと、住人とおぼしき外国人が私に気づいて手招きをする。おずおずと入っていくと、そこには映画で見た光景、西洋文化の世界が広がっていた。

風変わりな建物はアメリカ人宣教師の家だったのだが、それ以来、好奇心とあこがれでたびたび訪れるようになり、自然な流れで教会に通うようにもなっていった。

1955年5月11日、転機につながる衝撃的な出来事が起きた。岡山県の宇野と高松を結ぶ連絡船「紫雲丸」が高松沖で貨物船と衝突・沈没し、修学旅行中の小中学生を含む168人が犠牲となったのである。そのなかには、私のよく知っている子どもたちもいた。

この事故に強いショックを受けた私は、「生と死」について深く考えるようになり、ますますキリスト教に傾倒していった。そして、ついには洗礼を受けてクリスチャンとなり、牧師を志して神学校へ進む決意を固めたのである。

多様な価値観を受け入れて融合させる

牧師として神に一生を捧げる生き方をしようと考えていた私だが、一方で子どものころから育まれてきた「日本人の心」が、心の奥底に動かしがたく存在していた。日本人であることとキリスト教徒であることは矛盾しないのか、日本人の心とクリスチャンとしてのあるべき姿をどのように共存させていけばよいのか。当時の私は、その答えを求めて日々模索していた。

そんなとき、内村鑑三の『余は如何にして基督信徒となりし乎』と出会った。それを読むと、内村先生が「日本人の心」「日本人魂」といったものを非常に大事にしようとしていることが、ひしひしと伝わってきた。私は宗教というものはかたちにこだわるのではなく、自分自身と神とのつながりが大切なのだという考えを持っていたので、内村先生の無教会主義的な考えにも共感できた。

日本人としてのキリスト教徒のあるべき姿について思い悩んでいたころ、友人から「新渡戸稲造の『武士道』を読んでみたら何かヒントを与えられるかもしれないよ」と勧められた。新渡戸先生のほかの著作には目を通していたが、『武士道』はまだ読んでいなかった。

読み始めたら、たちまちその世界観に引き込まれた。そして多様な価値観を受け入れ、その融合を求める新渡戸先生の考え方に強く惹かれた。とりわけ感銘を受けたのは「キリスト教を武士道の幹に接ぎ木する」という考え方だった。「日本人の心とキリスト教の精神を融合させた信仰のあり方があるんだ……」と、それまで悩み続けていた問題に明快な答えを与えられ、目を開かれる思いがしたのである。

この本との出会いが、今日の私の出発点となったと思っている。

神学校で聖書を学ぶ日々のなかで、子どものころから心のなかにあった、人の役に立ちたい、社会の役に立ちたいという気持ちは、ますます強くなっていった。それを実現するには牧師になる以外にないと考えていた私だったが、大学卒業が近づいてくると、自分のなかに、ある迷いが出てきた。当時は日米安保条約をめぐって学生や労働者と政府の対立が激化し、世情が騒然としている時期だった。そうした時代の空気のなかで、このまま牧師になる道を歩んでよいものかどうか、自問自答を繰り返すようになっていた。

「迷いがあるのなら、一度社会に出てみよう、社会の荒波にもまれながら、自分を見つめ直してみよう、そして人のため、社会のために全力を尽くしてみよう、社会に出ても信仰の道はあるはずだ。再び牧師になりたいという気持ちが芽生えたら、また学びなおせばいいではないか」と考えた私は、社会に出る道を選ぶことにしたのである。

すべては「出会い」がもたらしてくれた

とはいえ、神学校から社会に出ることはまれで、なかなか就職試験を受ける機会にも恵まれない。ある会社で面接を受けたときには、「せっかく神学校で学んだのに、なぜ牧師にならないのか」と逆に諭されたほどである。徒手空拳で困っていた私に救いの手を差し伸べてくれたのは、禅道場の老師だった。

大学の近くに「武蔵野般若道場」という禅道場があった。東京大学や一橋大学の学生が数多くやってきては、寮のように和気あいあいとした雰囲気のなかで人間修行をしている。禅道場ではあるが宗教・宗派の隔てなく、来る者はすべて受け入れるので、いろいろな人が参禅し、宗教に幅広く関心があった私も、いつしか出入りするようになっていた。

あるとき、その禅道場の主である芋坂光龍《おさかこうりゅう》老師に近況を報告する機会があった。一度社会に出ようと志し、就職活動を行っているが就職先が見つからないと正直に打ち明けた。すると老師は、「資生堂だったら紹介できるが……」とおっしゃったので私は藁をもすがる思いですぐにお願いすることにした。

もともと働くのであれば人々の生活に密着した会社に、という気持ちを抱いていたので、願ってもないことだった。しかも資生堂には、「社会を明るく豊かにしている企業」というイメージがあり、銀座に本社があるハイカラな企業という印象も持っていたので、就職試験を受けさせていただく機会を与えられたことに本当に感謝した。

老師の紹介状を手に資生堂を訪ねた私は、面接のとき「仕事を通して人のお役に、社会のお役に立ちたい」という思いをぶつけたような記憶がある。幸いなことに採用が決まると、そのときの話のせいかどうかわからないが、すぐ秘書課に配属されることになった。

入社後かなりたってから、芋坂老師の実兄が資生堂の二代目社長の松本昇氏であることを知った。芋坂老師との出会いがなければ、資生堂との縁もなかったのだ。そう思うと、運命的な出会いだったと、今でも思っているし、心から感謝している。

思えば、私の今日までの歩みはすべて、こうした「出会い」がもたらしてくれたものだという気がしてならない。アメリカ人宣教師との出会いがキリスト教への扉を開き、神学校へと進んだ。またキリスト教を通して新渡戸稲造の『武士道』と出会い、キリスト教徒としての自分なりの生き方を見つけた。そして芋坂老師に出会い、資生堂で働かせていただくことになり、そこで出会ったのが、生涯をかけるに足る「秘書」という仕事だった。

実のところ、入社したばかりの私には、秘書がどういうもので、どういう仕事をするのかよくわかっていなかった。しかし、理屈抜きに、「だれかの役に立ちたい、何かの役に立ちたい」と思っていた私には、天職だったのである。秘書の仕事を通して、支える、仕えるという使命を果たすことに、限りない喜びを感じるようになっていった。

ある人から、野村克也氏の「生涯一捕手」にならって、「あなたは生涯一秘書に徹すべきだ」と言われたことがある。たしかに、「そうなれば本望だ」と私自身も思った。それくらい、秘書という仕事に全力で取り組んできたと思っている。そして気がつくと、５代の社長に仕えて、秘書一筋の会社生活を送ることになっていたのである。

7

「奉仕と献身」の精神を経営に生かす

創業の精神に新しいマーケティングを「接ぎ木」する

振り返ると、人生の節目ごとに新渡戸稲造の教えに出会い、その言葉は私の行く道を指し示してくれた。

20世紀がまもなく終わりを告げようとしていたころだ。当時は社会・経済とも低迷し、当社も大変厳しい状況にあったが、来るべき21世紀に向けての経営改革案を副社長の私が中心となって取りまとめている最中だった。

骨格はでき上がりつつあったが、その精神、バックボーンとなるものがなかなか思い浮かばない。何かしっくりこないまま2001年を迎えた。

元日の朝、新聞各紙を読んでいた私は、ある記事に目が釘づけになった。それは「欲望社会から名誉国家へ。今こそ崇高な精神の復興を」という産経新聞一面コラムの大見出しだった。興味を抱き、文字を追っていくと、そこには、新渡戸先生の『武士道』が取り上げられていた。内容は、新渡戸先生の『武士道』の精神を思い起こし、日本の世直しを進めていかなければならないという主張だった。

その記事に大いに刺激を受けた私は、再び『武士道』に目を通した。そこでよみがえってきたのは、あの「接ぎ木」の精神だ。すると、「キリスト教を武士道の幹に接ぎ木する」のと同じように、資生堂の創業の精神に今の時代に合った新しいマーケティングやマネジメントのあり方を接ぎ木するという考え方こそ、21世紀の資生堂の進むべき方向ではないか――そんな思いが湧いてきたのである。

経営やマネジメントにまず求められるものは、合理性であり、数字であり、科学である。しかし、それだけではうまくいかない。何事でもそうだが、「目に見えるもの」のみならず、精神や理念など数字では計れない「目に見えないもの」を尊重しなければ、著しくバランスを欠いてしまい、結果的に立ち行かなくなる。

今から考えてみると、私は、個人としても組織人としても、多様な価値観を認め、つねに融合させることを心がけて、これまで歩んできた気がする。新渡戸先生は、生きとし生けるもの、存在するすべてのものへの愛と尊敬の念、そして多様な価値観を積極的に受け入れ、それらを融合して新しいものを生み出し、社会に奉仕する精神の重要性を強く主張している。『武士道』でもほかの著書でも、その点は一貫している。それは、新渡戸先生の人間愛、やさしさから発しているものなのだ。

人は他者に喜びや感動を与え、満面の笑みを返されることによって、自分も喜びを感じ、豊かで幸せな気持ちになる。これこそ、人間の存在意義そのものである。企業経営もまったく同じである。社員一人ひとりがお客さまのほうを向き、仕事に真の喜びを感じることができれば、それが会社を、ひいては社会全体を明るく、豊かにすることにつながる。社員一人ひとりが、この奉仕の精神を持つこと、すなわちサーバントに徹することができる環境をつくること、それが経営者の使命なのである。

「買い手よし、世間よし、売り手よし」の商いの心

最近言われている、CSR（Corporate Social Responsibility: 企業の社会的責任）は、まさにこの精神に基づく考え方にほかならない。

企業活動を人にたとえると、売上や利益は姿、かたちであり、CSRは人格や心のよう

なものだと思う。つまり、企業が永続的に存在していくには、人間と同じように、身体だけではなく人格や心を研鑽し、周囲から信頼を得る必要があるということだ。

企業は、社会や人とのかかわりのなかで生かされている。お客さまや得意先、お取引先、株主、社員、そして社会といった多様なステークホルダーの期待に応えるべく、ＣＳＲを継続的に果たしていく努力を怠ってはならないのである。

こういった思想は日本には江戸時代からあった。心学者の石田梅岩は、「商いの心」とは「先が立ち、我も立つ」こと、つまり「お客さまの喜びを自分の喜びとする」ことだと言っている。また、近江（現在の滋賀県）を拠点として活躍した近江商人は、「三方よし」を商売の理念としていた。「三方よし」とは、「買い手よし、世間よし、売り手よし」のことである。

以前、田原総一朗さんにこう指摘されたことがある。「まず、買い手よし。お客さまにとってよいことでなければならない。次に世間よし。そのことが社会にとってもよいことでなければならない。いちばん最後に、売り手によいこと。三方よしとはこの順番だ」。まさにそのとおりだと思う。

すでに江戸時代に存在していたこうした商いの心は、資生堂の創業の精神と、また私が取り組んできた店頭基点の経営改革の精神と、根を同じくしている。

「商いの心」の根底に流れている思想は「奉仕の精神」であり、奉仕することによってお客さまや社会との関係が深まり、そこに「相互信頼」が生まれるのである。すなわち、信頼こそが経営の原点、ＣＳＲの原点なのである。

「商いの心」もＣＳＲの考え方も、その大本は「相手を思いやる気持ち」「相手に尽くす精神」であり、本来、日本人が遺伝子として持っているはずのものだ。しかし今日の日本では、他者を思いやる気持ちを忘れ、自分に都合の悪いものを排除しようとする論理が、あまりにも強くなっている気がしてならない。今こそ、こうした日本の伝統的な美徳を思い起こすべきではないだろうか。

多様性の尊重と互助・互恵の精神

私は今後、「多様性の尊重と互助・互恵の精神」がますます重要になってくると考えている。ＣＳＲを考える場合でも、これがキーワードになってくるだろう。

もはや、画一的な社員が画一的な働き方をしていては、企業は強くなれない。第一線から社長までが同じ理念と行動規範を共有したうえで、多様な社員が多様な働き方をしてこそ、企業はお客さまの支持を集めることができるのではないか。そう考えると、男女共同参画は至極当然のことであろう。

『武士道』では、「女性の社会的な訓練と地位」という項目に一章がさかれている。武士道が書かれたのは1899年だが、この時代にすでに新渡戸先生は、「男女共同参画」について論考しているのだ。その先見の明に驚かされる。

資生堂はお客さまの約90％、社員の70％が女性ということもあり、女性の登用や子育て支援には積極的に取り組んできた。2003年にはオフィスのある東京汐留地区に「カンガルーム」という事業所内保育施設を開設したが、ここは資生堂の社員だけでなく、周辺の会社の方々にも利用していただいている。また、2006年10月から始めたカンガルースタッフは、来客の多い夕方の時間帯に家事や育児で店頭に立つことが難しく、育児時間制度を利用しているビューティー・コンサルタント（BC）のために、代替要員として契約スタッフを採用する制度だ。

さらに、企業は女性のみならず、高齢者や障がいを持つ方々にも門戸を広げる必要性を認識しなければならない。そのことが、厚みのある社風の形成につながっていくのである。企業のそうした取り組みが全員参画型社会の実現を後押しするものと考えている。

社員が能力を発揮しやすい環境をつくりあげる

ＣＳＲを果たしていくうえでは、「ワーク・ライフ・バランス」の推進もますます求められてくるだろう。ワーク・ライフ・バランスとは、個人にとっては家族と過ごす時間や自己啓発の時間、ボランティア・地域活動などにかかわる時間など、仕事以外の時間を充実させ、生活に潤いを与えよう、人間として豊かな生活を送ろうというものだ。このバランスをうまく保つことが、仕事の原動力にもなる。そして企業にとっては、ワーク・ライフ・バランスの推進は、生産性を上げるとともに、優秀で多様な社員を確保することにつながる。

もの中心の大量生産・大量消費の時代には、一人ひとりの人間性というものがそれほど重視されていなかったような気がする。画一的な社員が画一的な働き方をすることが最も効率的、合理的と思われていた時代だった。

21世紀は、当時とは企業を取り巻く環境や社会の様相も大きく変わった。20世紀の成功体験を一度捨て去り、21世紀という新たな時代をみんなの力で築いていかなければならない。そこで大切になってくるのが、仕事と個人の生活のバランスである。「個」と「公」のバランスをとってこそ、喜びもやりがいも生まれてくるのだ。

しかしながら、組織のなかでは個性を伸ばすのと同時に、周りと協調することも不可欠である。

社長時代には、役員や管理職に、「まず、それぞれが自分の理想や使命を職場で達成できるようにし、なおかつ、それが組織、会社といったひとつの枠のなかでうまく一致するようなかたちにしてほしい。枠のほうがおかしいと思うことがあったら、いつでも言ってほしい。一緒に考えようじゃないか」という話を繰り返しした。

逆ピラミッド型組織の管理職には、サーバント・リーダーとして、社員が能力を発揮しやすい環境をつくりあげ、自ら率先垂範して社員たちを下から支えていくという使命感が必要なのである。

III

Servant Leadership and Sense of Mission.

サーバント・リーダーシップと使命感

Morio Ikeda

Toshihiro Kanai

1 企業のなかでのサーバント・リーダーシップ

逆ピラミッド型組織は「型」、サーバント・リーダーシップはその「精神」

金井● 池田さんとのお付き合いは、私が「日経ビジネス」に書いたコラムに興味を持たれたことから始まって、かれこれ数年が経つわけですが、そのなかで私は、池田さんの経営に対する考え方や仕事に対する姿勢、そして自分にはなかなかできないのですが〝奉仕する〟ということを大切にされる生き方に大変感銘を受けました。

池田さんのサーバント・リーダーシップについての考え方は第2章でまとめられていますが、ここではさらに踏み込んで、企業、組織、そして日常生活のなかでサーバント・リーダーシップがどのように発揮されるべきか、またサーバント・リーダーはどうあるべきかについて、池田さんの考えをお聞きしながら、やりとりさせていただきたいと思います。

まず、あらためて、資生堂という化粧品業界のリーディング・カンパニーの社長として、どのようにサーバント・リーダーシップをとらえていたかを、お聞かせいただけますでしょうか。

池田● 資生堂には135年の歴史があり、多くの先人たちのおかげで今の姿があります。そしてその根源に創業の精神があり、その精神を私なりに理解して具現化するために、私の経験から提唱したのが、「サーバント」という考え方です。

そもそも秘書の仕事は「仕え、支える」こと。すなわちサーバントです。社長就任の打診があったときは逡巡したのですが、よくよく考えたら、社長としてお客さまや社会のお役に立つために、まず社員に仕え、社員を支えればいいのだということに気づきました。つまり、社長になっても秘書時代とその精神においてまったく変わりはないのではないか、どのような立場になろうとも、「サーバント」という考え方を生かすことができるのではないかという思いに至ったのです。

したがって社長になったのを機に、唐突に、サーバント・リーダーシップという考え方を前面に押し出したというわけではないんですね。

金井● 池田さんはサーバント・リーダーとして資生堂の経営改革を推進されてきたわけですから、ご自身の経験から改革というものに関しても、いろいろと意見をお持ちだと思います。サーバント・リーダーシップは、人に尽くすリーダーですので、ただやさしいというイメージを持ちがちですが、それでは大切なことを見逃します。サーバント・リーダーという発想で取り組みながら、会社を大きく変えようとされた点が、私には非常に興味深いのです。サーバント・リーダーとトランスフォーメーショナル（変革型の）・リーダーとは相容れないものではないかという意見もあるようですが、そのあたりはいかがでしょうか。

池田● 必ずしもそうだとは思いません。改革にはサーバント・リーダーシップとトップダウン・リーダーシップ、この両方が必要なのではないかということです。理念・信条・方針にはトップダウンが、日常の実践レベルではメンバーを支えるというサーバントの精神が必要なのではないでしょうか。

トップのぶれない信念のもと、メンバーの意識を変えていかないかぎり、改革はなしえません。トップが描く改革ビジョンにメンバーが共感し、それを実現しようとするトップの決意、あるいは信念に動かされ、自分も改革の当事者なのだと気づき、行動に移す。

そのためには、トップは自分自身の行動や信条を、メンバーたちの前にさらけ出していく必要がある。メンバーは日々のトップの姿を見て、志の高さや信念の強さを感じとるからです。そして、メンバーが行動に移すとき、トップはサーバントの精神で全力で支える。だから、改革を進めるには、トップダウン・リーダーシップとサーバント・リーダーシップの組み合わせが求められるのです。

社長時代、お客さまとお取引先と資生堂が出会う「店頭」をすべての発想の起点にして改革に取り組みました。お客さまを第一に考え、お客さまと接する店頭のビューティー・コンサルタント（ＢＣ）や営業担当をその上司が支える。次に支社長、そして本社、役員、いちばん最後に私が支えることを明言しました。こうした思いを社員にわかりやすく伝えるために、かたちで表したものが逆ピラミッド型の組織図なんですね。

いわば、逆ピラミッド型組織は「型」であり、サーバント・リーダーシップはその「精神」です。この思いを組織全体に浸透させるために、私は率先して第一線を支える決意を示し、行動においても店頭第一を徹底していました。

サーバント・リーダーシップを組織に広める

金井● 経営陣や中間管理職の人たちに、「サーバントであれ」とおっしゃったり、サーバント・リーダーシップについて言及されたりしたことはありますか。つまり、トップがサーバント・リーダーで、店頭基点、現場がいちばん大事。ミドル・マネジャーも、現場に奉仕するという発想を持つ必要があります。このような意味合いで、トップがサーバントなら、ミドルもさらに若い世代に対してサーバント・リーダーであるべきだと奨励されましたか。トップからミドルへ、ミドルから現場に向けてサーバント・リーダーという名のリーダーシップの連鎖が築かれることが大事だと思うのですが。

池田● 単に「サーバントであれ」と言っても、漠然としていてなかなか理解できないと思います。だから私が繰り返し言っていたのは、「お客さまがいちばん大切。そして、そのお客さまと接点を持っているのは第一線のビューティー・コンサルタント（ＢＣ）であるから、組織全体がＢＣを支えていこうじゃないか、ＢＣの意見、営業担当の意見を十分にくみ上げて、全員でサポートして、下から支えていこうじゃないか」ということです。つまり、最終的にだれに対してのサーバントなのかということを明確にしておく必要があるのです。

お客さまと直接、接することのない経営陣や中間管理職も、つねにお客さまや社会に視線を向け、第一線を支えるために何ができるか、それぞれの立場で考え、行動すること。これが私がいうサーバントの精神なのだという話は、機会あるごとにしました。

それで、すべての部署が第一線を支えていこう、第一線の活動の阻害要因を排除し、プラスになることを取り入れよう、そのためにまず第一線の意見を聞こうじゃないかということで、ＮＨＫの番組ではないのですが「プロジェクトＸ」という会議体をつくりまして、彼らの話を聞く会を設けたんです。

すると、第一線から問題提起、あるいはクレームが出ると、中間管理職が弁解したり、説明したりする。「いや、そうじゃないんだ、それにはこういう事情があったのです」と。私も中間管理職を経験していますので、彼らの言い分も理解できる

ところはあります。しかし、それを繰り返していたら前に進めませんし、第一線から話が上がってこなくなりますよね。ですから、第一線にはまず遠慮せずに話を上げてくれと。それに対しては、必ずなんらかの回答をするということを約束しました。

こうした会を開催してよくわかったのですが、誤解が生じていることも多かったですね。本社の担当者の考え方が、曲解されて現場に伝わっているなと思うこともありました。最終的にそういう伝わり方をしているということは、やはりどこかに問題があるわけです。問題があるということは、本社、あるいは管理職それぞれの責任ですので、まず真摯に第一線の意見を全部こちらに吸い寄せるようにしたわけですが、最終的にそれがよかったような気がします。

金井● 逆ピラミッドの組織で今まで上にいたものが下を支えるように変えようとすると、中間管理職がどういうかたちで部下に接するか、どうすればサーバント・リーダーの役割を果たせるのかという問題が必ず出てきますね。池田さんはそれに対して、どういうお考えで臨まれましたか。

部下に対して支えるように接するというのは、社長、会長だけではないと思うのですが。トップが直接、現場、店頭を大事にすると、それによってミドルが浮いてしまうといったことはありませんでしたでしょうか。

池田● まず私自身がぶれないこと、このことはつねに心がけてきました。中間管理職が率いるそれぞれのグループにはそれぞれの使命があります。その使命を果たすために、グループの長は理念・信条・方針をメンバーに語り、実践においてはサーバントに徹する。その際、部分最適にならず、全体最適を考えることを忘れてはいけません。

金井● 少なくとも逆ピラミッドという発想は、全員が理解していないと困りますよね。それまで上から下に向いていていたリーダーシップの矢印を、下から上に向けなくてはいけないわけですから。

もっと正確にいえば、力のある若手もミドルも、昔から上に対して正しいことなら言うべきことは言ってきた。とくにお客さまに貢献できることなら。つまり、影響力の流れは、下向きだけでなく、上向きにもありました。このへんはいかがですか。ここもまた、ミドルのアップもダウンもあるので、大変になってくるのでしょうが。

池田● そうなんです。組織のいちばん上といちばん下だけが逆向きになっても、その中間が従来どおりのままでは組織として機能しません。

たとえば、第一線が所属する支社には、任せられているエリアがあるわけですから、本社のほうからエリアの組織に対して「店頭基点でやるんだ」という話をし、そのために本社はエリアの組織を支えることを約束する。そして実際、エリアごとの特性を十分に理解したうえで、エリアを支えるための施策を出していく。それを受け止めたエリアのヘッドは、最終的にはBCや営業担当を支えていくようになる。そうした手続きが必要です。

ですから、まず組織を全面的に支えていくというメッセージが必要ですし、そういう打ち出し方をすれば、それを受け止めたミドルが自主的に動き、それぞれの場所で変化が起きてくるだろうと思っていました。

時代を越えて受け継がれるスピリット

金井● 池田さんがお好きなラインホルト・ニーバー（アメリカの神学者）の言葉に、「変えてはならないものを受け入れる心の冷静さと、変えるものを変えるチャレンジする勇気と、両者を見分けるための英知を与えたまえ」というものがあります。資生堂にはまさにこの言葉のように、店頭基点を掲げての改革を行う一方で、これは絶対に守っていくんだというスピリットやDNA、そして歴史というものがあって、それらのなかにサーバント・リーダーシップに通じるものがあると思うのです。

ただサーバントという言葉は、池田さんのようなバックグラウンドがあるから使えるのであって、池田さんの次の世代の、資生堂の現経営陣には使いにくいのではないでしょうか。しかし、そうした人たちがあえてサーバントという言葉は用いなくても、何か連綿と続くものができていったら、それは時空間を越えるリーダーシップの連鎖と言えるのではないかと思います。

池田● 現社長（前田新造氏）になってからは、「100％お客さま志向」ですとか、「一瞬も一生も美しく」というような表現で、やはりお客さまに、そして社会に対してのメッセージをつねに発信しています。創業の精神を今の時代に合わせて、自分たちの言葉で発信していく。振り返ると、歴代の社長はみんなそうしたことをされてきたと思います。

お客さまと第一線を大切にすることは共通していますから、言葉は変わっても、その精神は脈々と受け継がれていると思いますね。

金井● 先日、前田さんに2時間じっくりインタビューさせていただく機会がありましたが、現場、店頭基点を大事にされる姿、また、組織変革をやり抜くパワーはすごいですね。表現の方法は違うけれど、スピリットや精神は連綿と受け継がれていくわけですね。

池田● それが重要だと思います。私は「サーバント」という言葉を使いましたが、それは私のパーソナリティや生い立ちと深くかかわっています。冒頭でお話ししましたように、資生堂の創業の精神を私なりに理解して、私なりにこういった言葉を使ったわけです。ですから、次の世代の人たちは別のやり方でそれを置き換えていただくことが大事なのだと思います。

そのあたりのことは前田さんは十分理解してくれていますし、前田さんなりに、創業の精神にのっとって、自分の言葉で語っているわけです。そうでなければ会社というものは発展していかないと思います。やはり時代は変わっていくわけですから。今使っている言葉も、みんなが共有しやすい、理解しやすい表現です。

金井●「100パーセントお客さま指向の会社に生まれ変わろう」という前田社長の表現は、言葉は新しくなっていますが、スピリットは池田さんの組織変革路線の徹底を目指すものですね。

このことで思い出したことがあります。人間はいくつになっても発達し続けるという以前から興味をもっていたテーマに加えて、私は最近、成人に対する教育のあり方についての文献を勢力的に読んでいます。大人になってからの学習や教育にはどういうかたちがいちばんよいかといったときに共通している意見は、教室でただ授業を聞いているだけではなく、自分の言葉で語ることだということなんです。経験にあった、自分にしっくりくる言葉で語れば、いちばんぶれないはずです。池田さんには池田さんの、前田さんには前田さんの表現があるということですね。

だから今のお話のように、スピリットでつながっていて、自分のバージョンで表現しているというのは、とてもよいことかもしれません。つまり、前田さんはご自分なりの言葉で、新たな息吹を吹き込んでいらっしゃるということですね。

自然体としてのサーバント・リーダーシップ

金井● 池田さんのお話をうかがっていると、非常に自然体でサーバント・リーダーシップを取り入れていらっしゃる。私は企業トップのお話をうかがう機会が多いのですが、池田さんと同じようにサーバント・リーダーシップを意識しているわけではないのに、私から見ると自然とそうなっている人がけっこういらっしゃいます。

たとえばヤマト運輸の元会長・小倉昌男さん。小倉さんは、このままだと会社がつぶれる、大きな改革が必要だというときに、宅急便をやろうという大英断を行った。その際に、ドライバーは、今までのようにただ品物を届けるだけではなく、営業マン、セールスマンとして宅急便を売り込んでほしいということで、セールスドライバーと命名することにしたんですね。そして、自分はその人たちを全力で支えると。セールスドライバーは資生堂のビューティー・コンサルタント（ＢＣ）に当たる。まさに、店頭基点と同じ考えですね。

そして小倉さんが社長から会長になったとき、各地の営業所のドライバーや職員にお礼を言いに回ったんですが、いちばん最初に行ったのは北海道の営業第一線なんです。NHKのかつての「プロジェクトX」という番組でも描かれていましたが、小倉さん自身がそこに出向いて、全国一律配送が北海道の離島まで可能になったので、ねぎらいの言葉をかけにいったというエピソードがあります。

小倉さんがご存命だったとして、「あなたはサーバント・リーダーですか？」と質問したら、「違う」とおっしゃるかもしれませんが、ひょっとしたらそのとおりと言われるかもしれませんね。池田さんと同様、クリスチャンでいらっしゃいましたから……。

もうひとりは、アート引越センターの寺田千代乃さん。寺田さんは、自分の使命のひとつは、実際に引っ越しの現場にいる作業員たちにできる限り顔を見せることだと思っている。たとえば、組織学会という学会の大会が関西であるので講演をお願いしたところ、学会が日曜日だということでお断わりになったのですが、納得のいく理由でした。

「日曜日、とくに10月というシーズンは、引っ越しがありますから行けません。

現場が頑張っているときには、講演させていただくより、現場をもっと訪ねたいので」と答えられました。そんなふうに現場まわりをしていらっしゃる。寺田さんも無意識のうちに社員に仕える、支えるを実践しているんですよね。

池田● 私も「あなたはサーバント・リーダーですか?」と聞かれたら、「はい、そうです」とは言えないでしょうね。そんな立派なもんじゃない（笑）。でも、他者や社会のお役に立ちたいという精神の強い人にお会いすると、本人が意識するしないにかかわらず、サーバント・リーダーシップを実践していらっしゃるなということを、感じさせられますね。

金井● 関西にアップリカ葛西という会社があって、日本のベビーカーの市場ではコンビと並んで最大手です。その創業者で、現在、代表取締役グループ代表をしていらっしゃる葛西健蔵さんと話していると、やはりサーバント・リーダーだなと感じます。
　葛西さんが乳母車、当時はベビーカーではなく乳母車と呼ばれてましたが、それをつくり始めたのは、ふとしたきっかけだったらしいんですが、つくっているうちにいかに奥深いかわかってきた。素材はもちろん、イスの部分のちょっとした角度

や持ち手の太さといった微妙な違いで仕上がりも大きく変わってくる。何より困ったのは、これに乗るのはまだ言葉を持つ前の赤ちゃんだということ。お客さまのためというときに、言葉を持たないエンドユーザーのお客さまにとってよい商品というものはどういうものなんだろうと……。

そこで、日本小児科医会名誉会長の内藤寿七郎さんに、アップリカの顧問になってくれるようお願いしたそうです。内藤さんは、言葉の話せないゼロ歳や1歳の子どもが何を考えているか、ある程度わかるというぐらいの名医で、乳母車に関しても専門の立場で意見を持っていらっしゃる。普通に考えれば、そんな高名な先生が一民間企業の顧問になってくれるはずはないですよね。でも葛西さんの一生懸命な様子を見て、内藤さんは承諾された。

ベビーカーは、利便性やデザイン性も大事ですが、もっと大事なのは安全性ですよね。色合いがいいとか、ワンタッチで折りたたみできるというよりも、安全で、お母さんも子どもも安心して使用できるということのほうが重要です。

たとえば、子どもはお母さんの顔を見ることができると安心する。でも、ゼロ歳や1歳の子どもは「お母さんの顔が見たい」とは言えないじゃないですか。葛西さんは、内藤さんと出会ってそういう視点が大事だということに気づいたと言います。チャイルドケアという視点ですね。それで世界的なチャイルドケアの世界組織をつくって、ロバート・ケネディ・ジュニアを会長に仰いだりしているわけです。

彼は、目の前で子どもが車に引かれそうになっていたら、自分の身を顧みず車の前に飛び込んで助けるような人にアップリカの管理職になってほしいとおっしゃっています。「この会社で課長や部長になる人だったら、それぐらいの気持ちで子どもを大事にしてほしいと思っているんです」と言うんですよ。

葛西さんは、サーバント・リーダーという言葉を使わないし、そういう考え方はご存じないと思うんですけれども、何よりも子どもを大事にするという自分のミッションというものをはっきり持っている。そのミッションのもとに社員を支え、会社を支え、さらにすべての子どもたちとお母さんたちを支えているんだと思います。

どうも、サーバント・リーダーという言葉を使っていないだけで、日本の産業界でも、それに近い発想で活躍している方がいるようにも思われます。そういう人たちの経営のカギは、〝使命感〟や〝ミッション経営〟ということにあるようですね。

仕事に使命感と誇りを持つ

池田● 今、ミッションと言われましたが、私も人間に何より必要なものは「使命感」だと思っています。話をする機会を与えられると、そのことを繰り返し言っています。

昔のような職人気質の人が、今は少なくなりましたね。私が考える職人というのは、仕事に対する情熱と誇りを持っている人たちです。それは言葉を変えれば使命感ではないでしょうか。

今は、昔ほど使命感や誇りを持てなくなっているのではないかという気がします。どんな仕事であっても、その仕事に対して誇りと使命感を持って取り組んでいたら、周りから必ずや尊敬の念で見られると思うんです。

組織にはいろいろな仕事がありますが、本来、ムダな仕事はひとつもありません。だから、仕事を与えられたら、その仕事にほれ込んで、その仕事の役割や使命といったものを十分に理解して、それに全力投球すれば必ずその人の評価にもつながっていく。

最初はつまらない仕事と思っても、そういう取り組み方をすれば、その仕事自身も光り輝いてくる。ムダな仕事をやっているというような認識を持ったら、その時点で仕事に対して意義を見出せず、その仕事に携わっている本人も成長できないですよね。

金井● 野中郁次郎先生は紺野登さんとの共著『美徳の経営』（NTT出版刊 2007年）という本の中で、やはり職人の世界が大事だと強くおっしゃっています。

もっと以前のことですが、野中先生がイタリアで、ネクタイをつくっているデザイナーと職人に、何をつくっているのかと聞いたら、「何か崇高なもの」と答えたそうなんです。日本の西陣だったら、これは花だとか蝶々だとか具体的なものをいうところを、「something supreme」と言ったらしい。自分の仕事が崇高なものであるという誇りを持っているんですね。

職人たちは一人前になるプロセスで、どんな仕事でも泣き言を言わずにこなしている。また、道具のメンテナンスや材料の下準備など、どんな仕事もすべて大事だと教わります。彼らの仕事に大きいも小さいもないからです。池田さんのおっしゃる使命感と誇り、その両方を持ち合わせているわけですよね。

池田● 各地に職人気質が残っている、そういう社会であってほしいと思いますね。日本の工業はどんどん機械化されていってますが、やはり人間中心というのが本来の姿だと思います。職人のように、自分の仕事に誇りを持って、使命感を持って取り組んでいただきたいと強く思います。

2　社会のなかでのサーバント・リーダーシップ

「公」の精神を取り戻さなければならない

金井●　池田さんは安倍内閣時代、教育再生会議の座長代理としてリーダーシップをとられ、過去には日本経団連で企業行動憲章の改定を手がけるということもされました。そういった公職に就いてきていらしゃっている立場から、社会的な活動においてサーバント・リーダーシップの考えにつながるところがありましたら、お聞かせいただけますか。

池田●　社会全体のなかでサーバントの精神というものを感じることが少なくなってきま

した。公共心といいますか、「公」ということを考えての行動といったものがだんだん失われてきていると感じています。利益至上主義、市場原理主義が幅を利かせているのが現実です。

たしかに、「モノ」や「サービス」によって、今日のような経済がつくり上げられてきましたから、競争原理のなせるわざなのですが、しかしながら、その過程で失ってきたものもあまりにも多い。端的に言えば、モノ中心の社会で心が失われてしまった。

「個」とか「私」を中心にものごとを考えるようになって、「公」の精神が失われてきている。今一度、「公」の精神を取り戻さなければならないと強く感じています。

日本人は、歴史的にもつねに隣人や他者の存在を尊重し、大切にしてきました。日常生活のなかでも、思いやり、いたわり、気配りを当たり前に行っていた。こういったことが、やはり公の精神のベースになるのだと思います。日本人はこうした精神を古来からずっと持っていて、それが今日までわれわれの遺伝子の中に脈々と受け継がれてきた。しかしながら今日の社会のなかでは、徐々に失われてきている。

これは、個というものをあまりにも尊重しすぎたというか、そちらに偏重していった結果だと思います。個を尊重し大切にするのはよいことですが、人格を形成していくうえでは同時に、公を大切にする精神も育てなければ、バランスのとれた人格は形成されないと思います。

金井● 私の研究分野でも、思いあたることがたくさんあります。ひとつには、アメリカの政治学者ロバート・D・パットナムが危惧していることですが、アメリカでも「みんなで行う活動」が減ってきていることです。

アメリカはもともと日本に比べて、「おれがおれが」と自己主張する人間の多い個人主義の国ですが、同時に、ピルグリム・ファーザーズと先住民がお互いに助け合って生きてきて、個人主義とコミュニティをとても大事にしてきました。両方のバランスが絶妙にとれていた。ところが、最近、パットナムが出した『ボウリング・アローン（*Bowling Alone*）』（邦訳名は『孤独なボウリング』柏書房刊　２００７年）という本のタイトルを見てびっくりしました。「ひとりでボウリングをする」というのが書名の意味ですね。

アメリカでは、ボウリング場というのはコミュニティのなかでの交流の場でしたから、「みんなでわが町を語り合おう」というような場でもあったはずなのに、「ひとりでボウリングする場」になってしまった。正確には、仲間で行くことはあっても、リーグ戦を楽しむのではなくなっているということなのですが、わたしも学生から、バンドで音楽やっていて練習の必要があるとはいえ、ひとりでカラオケに行くという話を聞いたときにはびっくりしました。

おそらく日本でも、政治学者や社会学者が体系的に調査データを読みやすいかたちに整備していないだけで、きちんと調べれば、コミュニティの活動、公共的な活動、自治会の活動など、すべて低下傾向にあるのではないかと思います。一人ひとりが自分なりに努力する一方で、だれかのおかげ、みんなのおかげと考えたり、だれかのため、みんなのために何かをするということが、家族のなかでも、学校のなかでも、コミュニティのなかでも少なくなってしまった。昔はもっと自然にあったと思うんです。だとしたら、早目に何か手を打たないといけないと思います。

池田● まったくそのとおりですね。日本人の美徳として、思いやりや気遣い、人間的な優しさ、根本的に他者をおもんぱかるというものがあると思うんです。「利休七則」というお茶の精神を見ても、相手の立場になってものを考えろといっていますよね。この「利休七則」というのは、まず自分ありきではなく、すべてが相手ありきなんですよ。そういう精神が、利休の時代から受け継がれている。

また、最近では「江戸しぐさ」が注目されてきています。本来、武士道の精神から、町民の考え方や生活様式に落とし込まれていったものですが、これも相手を思いやる気持ちが表れたものです。私が江戸しぐさについて話し始めたころは、まだ「江戸しぐさって何?」と言われていましたが、今では、JARO(日本広告審査機構)がテレビコマーシャルでも引用していますので、多くの人たちに知られるようになりましたね。

これは、つきつめると、自分よりも先に相手があって、それから自分があるという考え方に行き当たります。たとえば、狭い路地で2人がすれ違うときに、2人とも正面を向いていては通れない。どちらかが肩を引かざるをえない。これを「肩寄せ」というんですが、まず相手を意識した段階において、自ら肩を一方に引く。すると相手もそうする。傘を差していても同様です。相手を思いやって、自分が雨に濡れても、相手を気遣って先に傘を傾けるといった配慮が、庶民生活のなかに色濃く、しぐさとして残っていたわけです。

相手を思いやる、相手の存在をつねに尊重するということは、公の精神の出発点だろうと思うのです。

個だけのこと、自分だけのことを考えていればよいのではなく、自分というものは本来、相手があって存在するものです。言い換えれば、社会があるから自分も存在できるのです。それが思いやりの精神につながり、公の精神につながっていくのだと私は思います。

成長のプロセスにおいて必要な使命感と思いやりの心

金井● 肩寄せというのは、いい言葉ですね。社会性、公共性というのでは、わたしの地元の神戸に興味深い運動体があります。神戸大学の研究調査でよく協力していただく生活協同組合のコープこうべがそれです。コープこうべの理念は、「愛と協同」「一人は万人のために、万人は一人のために」というものです。生活協同組合には世界組織があります。なんのために株式会社とは別に、しかし両立するかたちでコープが存在する必要があるのかという、自らの存在意義をいつも議論していて、その結果をレポートしている。そのなかで必ず言われる原理原則が、「caring for others」、他の人々を思いやる気持ちなんです。

自分のことしか考えられなかった子どもも、妹や弟ができたら下の子を思いやるようになり、学校に行って下級生ができると下級生を思いやるようになる。そして、

学級委員長になれば威張るだけじゃなくて、みんなのために何かしようと思ったりする。というより、ただ威張るだけでは、うまくリーダーシップがとれないという経験をするわけです。
そして社会に出て、会社に入って課長になって、部長になって、さらに秀でた人なら役員になって、社長になる。こういうプロセスのなかで、自分は社会の役に立っているという満足感を得たり、思いやりの心を育てたり、使命感を持ったりするんですね。人間が成長するうえではこういうほかの人びとへのケアリングという気持ちと実践が絶対にどこかで必要だと思うのですが、それを感じさせてくれるのが、コミュニティや社会に根づいた組織となるのではないでしょうか。
「サクセスフル・エイジング」という資生堂が提唱していらっしゃる考え方がありますが、よい年の重ね方をしている人は、単に若く見えるだけでなく、よい年の取り方をしている。そういった考えを提案したり、それを支えるというのは、素晴らしいミッションです。それを自分のミッションだと自覚している人を増やすのも、大事なことです。

引きこもりがちだった女性が化粧をすると、明るくなって街に出ることが多くなるというようなデータも見せてもらったことがあります。そんなミッションのもとに、若い世代に尽くすということができる人は、自然にサーバント・リーダーシップを身につけている人だと思うんですね。そんな人が増えたら、大げさかもしれませんが、社会そのものが強くなる感じがしますよね。

池田さんは、社長を退かれて後、いっそう公共的なお仕事が増えているようですが、いかがですか。

池田● そういう社会になってほしいですし、企業としてもそういう社会づくりに、積極的にかかわっていくべきだと思います。

これまで「公共」を考えるのは政府、行政の仕事だというのが、当然のことのように考えられてきましたけれど、今の時代、そうではなくて、企業もやはりそこにかかわっていかなくてはならない。もちろんこれまでもそういう意識はあったのですが、ＣＳＲ（企業の社会的責任）という言葉が広く言われるようになって、さらに強く意識するようになっています。

企業は営利で動いているわけですが、それだけでは存続できません。社会を構成する一員として多くの恩恵に感謝し、社会にさまざまなかたちで還元していかなければ、社会から信頼されなくなっています。そうしなければ、企業自身が社会から支持されなくなるでしょう。

また、行政と民間の中間に公益法人があって公的なものを担っています。私は現在、公益法人のあり方を見直す公益認定等委員会の委員長を務めていますが、もはや公は官だけで支えられる時代ではなくなったと痛感しています。

官が担う公と、公益法人が担う公、それから民間そのものが営利活動のなかで担っていく公的な部分と、この三者がうまく社会構造のなかで融合してこそ、新しい社会が生まれてくるように思えてならないのです。

その実践においては、サーバント・リーダーシップのような考え方がますます必要になってくるのではないでしょうか。まさに、パブリック・サーバントとして活動することが不可欠だと思いますね。

今の日本にパブリック・サーバントは存在するか

金井● たしかに社会におけるサーバントといえば、「パブリック・サーバント」という言葉が思い浮かびます。たとえば、区役所や市役所の職員、あるいは国の行政機関、中央官庁の職員のなかに、国民のために尽くしたいとか、地域の住民のために尽くそうという気持ちを強く持つ人がもう少しいたら何かが変わってくるのではないかと思います。

政治家も、まさしくパブリック・サーバントなのですが、もしパブリック・サーバント・リーダーシップというのが今の日本にあるとしたら、政治家や行政のトップの人々のなかで、そういう存在の人がいると思われますか。

池田● 個々人としては、パブリック・サーバントであることを自分の使命としている人は、たくさんおられると思います。しかしながら、そういう個々の思いが、組織全体の中でどうも反映されていないのではないかという気がしますね。

行政を変えるには、やはり政治のリーダーシップが必要だと思います。だから私は政治に対する期待が大変大きいのです。

金井● 政治で言えば、たとえばキング牧師やマハトマ・ガンジーのような、どちらかというと内向的で穏やかだけれど、一方で芯の強い人がサーバント・リーダーシップをとることで大きく世の中が変わったという例がありますね。
池田さんはトップダウンではなく、サーバント・リーダー的なものが必要だということを強く主張されつつ、同時に率先垂範というのが大事なんだということもおっしゃっている。サーバント・リーダーであることと、大事な場面で先頭を切るということが、けっして両立しないわけではないんですよね。そこは大事なことのひとつだと思っています。
ガンジーを主人公にした映画のなかで、劇的なシーンがあります。「塩がないからつくりにいこう」とガンジーが言って、海に向かって歩き出すと、「塩をめざす行進」にみんながついていく。だから尽くす立場の人、サーバント・リーダーが前を歩くことが結局はみんなに奉仕することになるようなときには、先頭に立つこともサーバント・リーダーとして必要なんだという気がしていました。
池田● そういう局面は必ずあると思います。サーバントであることは、つねに従者でいることではありません。みんなが目的地に着けるように、普段は後ろから見守り、支える。しかし、みんなに元気がないと思ったら、前に出て元気づけることもする。みんなに危険が迫ったら、それこそ矢面にも立つ。それが本当のサーバント・リーダーではないでしょうか。それができないとサーバント・リーダーたりえないような気がします。

金井●　そう考えると、尽くすということと、ここぞという場面では先頭を切っていくこと、これを両立させることがとても大事だということですね。

3 日常生活のなかでのサーバント・リーダーシップ

身近なところにもサーバント・リーダーはいる

金井● これまで、企業レベル、組織レベル、国家レベルでのサーバント・リーダーシップの話をしてきましたが、ここで、日常レベルでの話をしたいと思います。

たとえば、親が子どもに対して、自分はサーバント・リーダーとして接したい、だから子どもに尽くすんだと思ったとします。ところが、尽くすことをただ相手の言うなりになることと勘違いして、子どものわがままをただ聞くだけになったら、しつけも何もあったもんじゃないですよね。

また、親は親なりに、「もったいない」という気持ちを大事にする子になってほしいとか、思いやりのある子に育ってほしいとか、あるいはいい学校に入ってほしいとか、いろんな思いというか、親として自分の子どもに望む方向性があります。それを子どもに押しつけて、無理にその方向へ引っぱっていこうとしても、子どもは反発するだけです。子どもを伸ばしたいと思ったら、自分の考えを子どもに伝えるだけにして、それ以外では、えらそうに指示ばかりせずに、むしろサーバントとして子どもを支えるようにしたほうがいい。

学校でも、先生が生徒に媚びるように接してはよくないでしょう。「キミたちは素晴らしい」と言い続けるだけでも生徒は成長しません。それに加えて教師の側がしっかりと自分のミッション・ステートメントを持っていたら、それを生徒に理解してもらうように尽力しなければなりません。学生からの提案があったり、こんなことをやりたいというようなことがあれば、口を出したり、指示したりするのではなく、支える。その結果、特徴のある学校やクラスになったりするんです。

あるいは、恋人同士。恋愛にミッションというものはありませんが、相手の言いなりになるだけではなく、自分なりの恋愛観を伝えることで、そのミッションの名の下に愛する人に尽くす。その結果、よい関係が生まれる。それもまた、サーバント・リーダー的な行動だと思います。

サーバント・リーダーシップという言葉を聞いて、「そういうことができる人はすごいな」と思うだけではなく、身近なところで、自分でも何かできることがあるのだったら、やってみてほしいと思うんです。

池田●そうなんですよね。身近にたくさんシンプルな例がある。「何だ、自分たちも普段からやっていることじゃないか、そういうことだったら自分の周りにもサーバント・リーダーはたくさんいるよ」とか、そう意識をしてくれることが、大きいものにつながっていくような気がしてなりません。そんなに難しいことではない、とりたてて目新しいことではないと思ってほしいですね。

社会のあらゆるところでサーバント・リーダーのように振る舞う人が増えれば、子どもたちへの大きな教育効果が期待できます。思いやりの心や公の精神などを、日常的に意識するようになるわけですから。

親と教職員は子どものサーバントに徹するべき

金井●学校の話が出たので、少し教育の場でのサーバント・リーダーシップについてご意見をお聞きしたいと思います。池田さんは今、東洋英和女学院の理事長でもいらっしゃいますが、そういう教育の現場でサーバント・リーダーシップという言葉を使われることはありますか。

池田● 私自身は、教育に携わる者はみな、子どもたちを支えるサーバントに徹するべきだと思っています。2007年度からは院長にも就任しましたが、就任挨拶で生徒や関係者を前に、「院長をはじめ、すべての教職員がサーバントに徹する」と宣言しました。

とはいえ、教育というものは学校だけでは限界がある。教職員だけがサーバントであっても、子どもたちにすべてを教えることはできません。とくに就学前の家庭教育は重要で、家庭と一体にならない限り、幼児教育、初等教育はできません。

それとやはり「個」と「公」のバランス、あるいは「知」と「徳」と「体」のバランス、いろんな意味でバランスのとれた人間形成が行われるためには、幼児教育からその役割を果たしていく必要があると思います。初等中等教育という「入り口」と、大学、大学院という「出口」の両面からアプローチしていくことが大切です。

とくに大学では、いわゆる教養教育（リベラルアーツ）というものを身につけていただく必要があると思うのです。大学では高度な教養教育を学び、そのうえに専門分野の教育を積み上げる。教養教育が行われないままに専門教育に入っては著しく人間的なバランスを欠いてしまう。

大学における教育というだけでなく、やはり将来の日本を背負って立っていただく若者が、本当にバランスのとれた人間であってほしいし、そういう教養人であってほしい。その上に立って専門性を身につけていってもらいたい。

これは教育再生会議の一員に加えられる前から、つねに感じていたことですが、その成長過程における教育の使命といったもの、あるいは役割といったものが、今日の教育制度のなかで形骸化していき、いつのまにか消えてしまっているような気がします。もう一度見つめ直す必要があるのではないでしょうか。

金井● 池田さんがおっしゃったことは、私の職場でもある大学教育にかかわることなので、非常に興味があるところです。

サーバント・リーダーシップを提唱したロバート・グリーンリーフは、学生時代に社会学の先生から、「学校などの社会的組織には必ず存在意義に基づく使命があるから、その組織のリーダーたるものは、組織が使命を果たせているかをつねに検証し、正しい方向に向かわせなくてはならない」と教えられたことが、サーバント・リーダーシップの考えの源泉となったと書いています。やはり、今日の教育機関にも、サーバント・リーダーが少なくなっているのかもしれません。

つねに他人に配慮できる人間たれ

金井● 最後に池田さんご自身のことについておうかがいして、この章のまとめにしたいと思います。

第2章でも池田さんの生まれ育った環境についていろいろお書きいただいていますが、池田さんが成長なさるプロセスに非常に興味を覚えました。そこに書かれたような成長の仕方をなさったから、若いころから普通の人よりも公共心が強く、サーバントの精神が無理なく自然に身についているのだと思います。ご自身で成長の過程を振り返ってみて、何か思い当たることはございますか。

池田● 人の役に立ちたい、社会の役に立ちたいという気持ちは、子どものころからの育った環境によるところが大きいと思います。その後、企業のなかにあって、秘書業務を通して、より具体的にその考えを実践できたように思います。

秘書の仕事というのは、縦割りではなく、横ぐしを通すような仕事がほとんどですね。横のつながりを大事にして、その調整をする。互助・互恵ということを日常業務のなかでつねに感じさせられてきました。

ですから、私は仕事によって成長させてもらったという思いが強くあります。多くの方々の支援・協力によって仕事ができ、人間として成長させてもらっていると感じるので、それに対する感謝の気持ちも自然に湧いてきます。会社、あるいは業界、あるいは社会に対しての感謝の念が、またその喜びといったものがつねにあったからこそ、サーバントに徹することができたような気がしてなりませんね。

金井● 日本を代表するような企業の会長、社長の秘書という仕事は、とても気をつかいます。よほどの人じゃないと何代も務まらないと思いますよね。やはりトップまで上り詰める方々ですから、エネルギーがあるし、個性もそれぞれに強くお持ちだと思います。秘書としてそういう方々のお世話をするわけですから、普通の人なら2～3年で気づかいで疲れ、燃え尽きてしまうのではないかと思うくらい、大変なことでしょう。

ところが池田さんは、5代もの社長に秘書として仕えられたのですから、すごいとしか言いようがない。ほかの会社を見ても、まずいらっしゃいませんよね。それだけ長く続けられた理由は、どこにあるのでしょうか。

池田● たしかに、他社の秘書仲間を見ても、何代もの社長に仕えたという人はそんなにいないのではないでしょうか。秘書として5代の社長に仕えた私が何より大事にしたことは、徹底的に惚れ込み、仕えさせていただこうという気持ちでした。社長になるほどの人たちですから、個性的で魅力的な方々ばかりです。私はすべての社長を心から尊敬し、心から仕えることができました。またそういう気持ちだったからこそ、5代の社長に秘書として使っていただけたのではないでしょうか。

支え、仕えさせていただく身ではありましたが、つねに社長の立場になって、今社長は何を考えているか、どういう方向に会社を向かわせようとしているのか、自分は何をすればその手助けができるのかを考えていましたね。けっして表に出ず、虚心坦懐に仕えさせていただく――これが私の秘書としての信条でもありました。

金井● サーバントに徹するという意味では、秘書の仕事をまっとうするうえで、どのようなことを心がけられましたか。

池田● 長い秘書生活のなかでは、幾多の困難にもぶつかりました。業界全体や資生堂が大きな問題に直面したときには、ただ支えるだけではなく、時代をとらえ、現状を踏まえ、社長に代わって根回しをしたり、対処したこともありました。

自ら社長に進言するような僭越なことはしなかったつもりですが、意見を求められたときは、社会全体の流れや、周囲の人、識者などの考え方や意見、そして役立つと思われる情報を、脚色したり私見を加えたりせず、ストレートに伝える。それが秘書としての務めだと考えていました。

こういった情報をタイムリーに集めるには、多くの人たちと接点を持っていなければなりません。幸いにして、秘書という仕事は長くやればやるほど、ヒューマンネットワークが広がっていきます。他社のトップや秘書、政治家やその秘書、また行政の官僚など、さまざまな分野の人たちと親しくなりました。

そうした人たちは、私自身の財産であるとともに、会社にとっても大切な財産です。私ひとりでは解決できない問題であっても、ネットワークを通じていろいろな人の助けを借りると、難しいと思われた問題も思いのほか容易に解決できることもありました。
社長のみならず、社内でだれかに相談を持ちかけられると、「その問題ならあの会社のあの人に聞くといい」「この問題ならこの人に電話をかけておくから会ってみるといい。何かヒントがもらえるかもしれないよ」と、アドバイスができるようにもなっていましたね。

金井● なるほど。会社を越えた職種上のコミュニティがあるということですね。

池田● つながりが長ければ長いほど、そういうものが自然に蓄積されて、大きなものになっていきます。それは経済界のみならず行政官庁や芸術文化、教育界などさまざまな分野にありました。そういった関係性が重視された時代でもあったのですね。
人的なつながりが仕事上の表面的なものにとどまらず、本当の仲間同士と言いますか、人と人の付き合いにまで深まっていきました。私もわりと世話好きなほうですから、いろんなことでプライベートな相談に乗ったりして、人間同士のつながりを深めさせてもらいました。あらゆる分野の方からさまざまな刺激を受けることで、私自身、視野を広げることができたと感謝しています。

ですから、何か事が起きたときには、自分自身では何もできないけれども、いろいろなところからよい知恵をいただいたり、助けてもらったりしてきました。意図的に人脈やネットワークをつくろうとしたわけではないのですが、そういうものが非常にプラスになりましたね。横のつながりを持つ人が多いほど、会社も深みのあるものになるのではないでしょうか。

自分自身には至らない部分がたくさんありますが、社長秘書という仕事は、社長の動静を通して会社を見つめる、すなわち会社全体をつねに俯瞰できる立場にあります。俯瞰するというと生意気なようですが、つねに会社全体を全身で感じられたような気がしますね。

金井● 池田さんは「生涯一秘書」を標榜し実践されてこられたわけですが、十という数字はたとえばですが、「秘書十カ条」のようなものは、お持ちだったのですか。

池田● 自分の経験則から秘書はこうあるべきだと言うと、それが一人歩きするようになるので、そういうことは言いませんし、そうやってひとつの型にはめることも好きではありません。

私は秘書であろうとなんであろうと、人間として「つねに他者に配慮できる人間たれ」と、ずっと思ってきました。実は、以前に日野原重明さんからうかがった話なんですが、35歳でハーバードの学長になり、それから40年間にわたって学長を続けたチャールズ・エリオットという人が、最初の卒業生を送り出すときに、「他人に配慮することを習慣づけられた人間になるように」と言ったそうなんです。

意識して行うのではなく、無意識のうちに他者に配慮することを習慣として行えるような人間であれということですね。おそらく当時のハーバードでは、学生たちをそういう人間に育てて社会に送り出すことを使命にしていたのだと思います。この話を聞いたときに、自分の考えと同じ思いだと、大変意を強くした次第です。

金井●「ひとつの型にはまるな」「つねに他者に配慮できる人間たれ」というのが、習ってではなく、ご自分の経験から、サーバント・リーダーシップという新しいリーダーシップのあり方にたどり着かれた池田さんならではのメッセージですね。

日本の経営者が、自分の言葉と経験で語る、はじめてのサーバント・リーダーシップ論、まさに、書籍からきたリーダーシップ理論ではなく、実践を支えるリーダーシップ持論（theory-in-action）と言えるのではないでしょうか。

ミッションで支えて組織と人を動かす

IV

Running the people in and around the organization through the misssion

1

池田守男さんのリーダーシップから学ぶべきこと

無理のないリーダーシップであるべき

池田守男さんの事例から、われわれは何を学び取ることができるだろうか。

まず言えることは、どのようなリーダーシップであれ、けっして無理をせずに自分でできることを実行すべきだということである。池田さんはサーバント・リーダーシップを純粋に、まったく無理をせずに自分の行動で示し、組織にも広めていった。そのやり方が自然なうえに誠実だから、社員たちも信頼して池田さんについていくことができた。

リーダーシップは本質において、リーダーとフォロワーの間のダイナミックな相互作用のプロセスから生み出されるものだが、第1章で述べたように、リーダーの持ち味（パーソナル・アセッツ）という要素もある。

池田さんの場合は、子ども時代や学校時代の経験、仕事の世界に入ってからの秘書の経験から得られたもの、また性格的なものやクリスチャンであることなど、無理なく自然体でサーバント・リーダーシップを発揮するのにふさわしい持ち味が備わっていらっしゃった。なかでも、クリスチャンとして「仕え、支える」ことを生活信条としてきたこと、会社内での自分の役割を「生涯一秘書」と定めていたことなどが、サーバント・リーダーにつながっていったのだろう。

だが、池田さんのリーダーシップはそれだけではない。行動面での決断や、イニシャティブもある。サーバントとして現場に尽くす立場から、会社を大きく変えようとした。サーバント・リーダーシップとトランスフォーメーショナル（変革型）・リーダーシップが、ひとりの人物のリーダーシップの基本として同居しているのは、非常に興味深いことだ。

資生堂の経営改革を「店頭基点」をスローガンにして進めるには、会社全体がお客さまのほうを向き、日々「真実の瞬間」を生み出している店頭を支えなくてはならない。そのことを示すために、社長である自分が率先して、サーバントとして現場を支えようと考えた。それは池田さんのミッションから出てきたことである。

化粧品は、外見を美しくするためだけにあるのではない。化粧をすることで心が晴れやかになったり、気分が変わる。心がふさぎがちな病人やお年寄りは、化粧をすることで明るい気持ちになったり、外に出る気になったりもするという。男性にしても、狩猟民族がフェイシャル・ペインティングをして狩に出るように、元気や勇気とつながる面がある。化粧品は、それだけ人の心理面に影響を及ぼし、健康問題にまでかかわる商品なのだろう。それを、かつて「ヒトを彩るサイエンス」と謳ったとおりに、資生堂は加齢の科学、皮膚の科学に基づいて取り組み、事業化しているのだ。従来の化粧品と通常の薬品との間に、興味ある商品が生まれそうだし、生まれつつある。

化粧品メーカーとして本当によいものをつくっている自信があるなら、お客さまの相談に乗り、きちんと商品説明をしたうえで納得して買ってもらうのがいちばんいい。そうやってお客さまの信頼を勝ち得ていくことが、社会への貢献と会社の発展につながる。ビューティー・コンサルタント（ＢＣ）と呼ばれる人々が店頭で日々行っていることがいちばん大事な仕事であり、資生堂という会社の社会的価値もそこで決まってくる。

そうであるならば、店頭での仕事がうまくいくように、ＢＣが接客をしやすいように、商品政策から流通、宣伝、そしてマネジメント・システムまですべてを変えなくてはならない。それが社長としての自分のミッションだと考えた池田さんは、迷うことなくそれを実行した。

　サーバントとして現場を支えるために必要な改革を、ときにはトップダウンで進めた。サーバントというと、どうしても受動的なイメージを抱きがちだが、それが支えたい相手のためになることであれば、みずから進んで積極的に前へ出て動く。そうしたサーバント・リーダーシップのアクティブな表現型を、池田さんの行動に見ることもできるのである。

　さらに、池田さんの発想が柔軟な点は、「逆ピラミッド型の組織」というものを、本で読んで知識として知っていたから採用したのではなく、悩んだ末に発見したことだ。店頭基点という経営改革のコンセプトから、直接的に逆ピラミッドの絵を連想したわけではないのだ。自分の頭で考えるという点と、自分で見つけた考えを実行しているという点を学び取りたい。

　サーバントになってみんなを支えると決めたときに、組織をどうするかという問題にぶつかった。それで違和感を持って組織図を見ながら、どういう組織がいいのか考え続けていたら、あるとき自分のデスクに戻ろうとして、机の上に広げた組織図が目に入った。ちょうど反対側から組織図を見る位置にいたのだ。そのとき「あ、これはこう見たほうがいい」とひらめいた。

これはある意味で、池田さんにとって望ましい組織の発見という「真実の瞬間」である。自分をはじめ本社の人間が、店頭や現場のサーバントに徹するために、組織をどのように考えればよいのかという問題意識を持ち続けたことが、逆ピラミッド型の組織につながったのだった。

現場をエンパワーする

池田さんが逆ピラミッド型組織への転換を決断した背景には、現場の声が上に届かないという問題があった。販売促進のアイデアや改善提案をいくら出しても、途中でつぶされたりうやむやにされたりして、なかなか上まで届かない。そのため現場の人間はやる気をなくし、部分最適ばかりを考えるようになっていた。その問題を根本的に解決して、最前線にいる人たちを元気づけたいと池田さんは考えたのだ。

これは要するに、現場のエンパワーメントにかかわってくる。エンパワーメントは「権限委譲」と訳してしまうとニュアンスが違ってしまう。ただ単に権限を委譲しても現場は動けない。現場がみずからの判断で動けるように、必要なリソース（ヒト・モノ・カネ・情報）を調達できるようにしてあげる。そのうえで権限を移譲することが、正しいエンパワーメントである。それが真に現場をエンパワーする（元気づける）ことであり、店頭基点のサーバント・リーダーシップという考え方ならば、間違いなくそれに貢献できるはずだ。

エンパワーメントの考え方は、トランスフォーメーショナル・リーダーシップにも不可欠なものだが、サーバント・リーダーシップとも相性がいい。現場を巻き込まずして変革は実現しないし、現場に力を授けることなく、現場に奉仕するリーダーにはなれない。必要なリソースの調達をどこまで行うかという問題はあるが、目指すべき目標や進むべき方向さえ間違っていなければ、基本的には現場の判断を尊重して、自律的に判断してアクションがとれるように、権限だけでなくリソースの裏づけも与えて、すべてを任せるほうがいい。その側面でのエンパワーメントは、サーバントとしてフォロワーを支えるのと同じことだ。

店頭を活性化して会社の価値を上げるという目標を達成するためのエンパワーメントは、池田さんの中ではサーバント・リーダーシップの一環として位置づけられていた。その点で興味深いのは、エンパワーメントを提唱したピーター・ブロックが、後にリーダーシップのあり方として「スチュワードシップ（いわば執事型リーダーシップ）」を挙げていることだ。

「スチュワード」は「執事」である。家の主人に仕え、主人が気持ちよくいろいろなことができるように気を配ることが仕事だ。そして気がつくと、家回りのことに関しては執事がリーダーシップをとっているわけだ。これも、サーバント・リーダーシップにつながる流れである。

池田さんは秘書として、5代の社長に仕えてこられた。思えば、秘書もまた会社における執事だ。そして秘書の役割は、政治の世界の幹事長にも似ていると言われる。秘書も執事も、その存在は党や会社や家の成り立ちの根幹にかかわる。しかし、仕事としては、社長や家長や党首を支える裏方だ。そういう経験を積んできたからこそ、池田さんは社長になったとき、ごく自然にサーバント・リーダーになれたのである。

私はかねがね、フォロワーのときに上向きにうまく影響力を振るうことが、のちにリーダーシップを発揮すべき立場に就いたときに役立つ経験になると主張してきた。江戸時代前期、5代将軍・綱吉の寵愛を得て権勢を伸ばした幕府側用人・柳沢吉保のようになっては堕落だが、秘書や幹事長はもともと、サーバント・リーダーを鍛え育てるのにはよいポジションかもしれない。そんなことを、今回もあらためて考えさせられた。

使命感を持つ

サーバント・リーダーになるための条件として、池田さんは「使命感」を持つことの大切さを力説しておられる。使命感を持って仕事をすれば、仕事に喜びを感じられる。同様に、使命感を持って人に尽くせば、そこに喜びを見出すことができる。そういう人はサーバントに徹することができるというのである。

私は第1章で、サーバント・リーダーがフォロワーに奉仕し尽くすのは、自分が考えているミッションを果たすために、フォロワーたちが行動しているからだということを繰り返し強調した。ミッションとは使命のことであり、それを果たさなければならないという思いが使命感である。

たとえば、松下幸之助は、水道の水のように人々がその存在を安価で身近にあって当然と思うレベルまで家電製品を普及させ、人々の暮らしを便利で豊かなものにすることが自分のミッションであると考え、松下電器の経営理念としていた。水道は浄水処理がされている付加価値のある商品で、利用者は水道料金を払っているのだが、だれも自分の家の水を飲んだ人に恩を着せたりはしない。それぐらい暮らしのなかにとけ込んでいる。付加価値があるのに安価で、どの家庭でも料金をさほど気にすることなく利用されている。逆に言えば、人間として生活していくために不可欠なものだからこそ、多くの人がそれを利用できるように、安価で購入しやすく提供されているのである。

家電製品もそうしなければというのが、ある時期までの松下電器の企業理念であり、そこで働く人たちのミッションであった。だから、たとえその事業が電池であれ、ラジオやアイロンであれ、電池であれ、水道水のようにそれらを普及させたいと思って仕事に取り組む事業部長を松下幸之助が支え、それぞれの事業部において開発、製造、営業の現場で頑張っている人たちを事業部長がしっかり支えるということは、十分に考えられる。

松下電器でサーバント・リーダーという言葉が使われていなかったとしても、そういう考えで仕事に取り組んだり、組織を動かしたりするのがミッション経営と言われる経営スタイルであり、ミッションの名の下に奉仕するリーダーの姿でもあるのだ。

ぶれずにやり遂げる

では、ミッション・使命とは何か。神戸製鋼ラグビー部のキャプテンを務め、日本代表のリーダー的存在であった林敏之さんは、神戸大学の私のゼミで特別講義を行ってもらったときに「使命とは、それのためなら命を使えるということだ」と解き明かしてくれた。

アップリカ葛西の創業者・葛西健蔵さんが、「うちの管理職はみな、隣の子どもが自動車に轢かれそうになったら、身を挺してでも救おうとする人間でいてほしい」と言われるのも、命を使うというレベルのミッションだ。チャイルドケアをそのような本気のミッションと考えて事業を行っているなら、そういう管理職を葛西さんは支えるだろう。実際、ミッションに共感できる社員たちを幸せにすることは、自分の使命だと葛西さんは考えているし、いつも祈るポーズをして「子どものことを祈ってください」とおっしゃっている。

もともとミッションは「伝道」という意味であるから、日本にキリスト教を布教すべく単身でやってきた、聖フランシスコ・ザビエルのことを思い出してもらえばいい。乱世の日本にやってきて、言葉も通じない異郷の（そして異教の）地で、まずは領主をはじめとする武士たちに謁見して、布教の許可をもらわねばならない。武士は腰に刀を差していたわけだから、布教活動は文字どおり命をかけたものだっただろう。つまり、ミッションとは、林さんの言われるとおり命をかけることだったのだ。

こう言うとサーバント・リーダーシップは、外来の、クリスチャン的な思想かと思われるかもしれない。たしかに、グリーンリーフは敬虔なクリスチャンでクウェーカー教徒であることはすでに述べた。しかし、人のためを思ったり、人に奉仕したりするのはキリスト教徒だけではない。世界中のあらゆる宗教に共通することであろうし、宗教を離れて考えても、人を思いやる気持ちは、人の心の黄金律だろう。

それでも、そのことに命をかけるのは、ミッションのために海外で布教活動を行ったクリスチャンだけだと思う人がいたら、仏教を伝えるために中国から来日した鑑真和尚のことを考えてほしい。宗教家の使命感から、失明しながらも、命をかけて何かをやり遂げようというサーバント・リーダー的な決意を、鑑真和尚にも感じ取ることができる。

とはいえ、われわれのようにごく普通の人間が、命を使うという「使命」のレベルで相手に尽くすのは、正直言って難しい。だから「命を使う」というのは、それだけの気概を持って、けっしてぶれずにやり遂げるということだろう。そのレベルで使命感に従い、その使命の下でほかの人々に奉仕できる人は、リーダーとしてもスケールの大きい人だと思う。

そういえば池田さんも、クリスチャンになるはるか以前、子ども時代から生まれ故郷の高松の地で、お遍路さんを見ながら人のお役に立つことを自然な使命のように感じておられた。いきなりとても若いときから命をかけるというレベルまでの使命感はなくても、そういう自然な出発があったのだ。

特別な日にだけ儀礼的に何かに奉仕する（たとえば、祭りの日には命がけのようにだんじりを動かす）のではなく、日々の暮らしのなかで、命を使って何かに、そしてだれかに尽くす、それを徹底するとなると大変なことだ。それができるには、自分をそこまで駆り立てるだけの使命感がなくてはならない。

それを持てる人は、異郷の地での布教活動に命をかけられるし、チャイルドケアに命をかけられる。そして、そういう人こそが本物のサーバント・リーダーとして周りの人を巻き込んだり、動かしたりできるのだ。

だれがサーバント・リーダーになれそうかというと、ロバート・グリーンリーフは「コンセプチュアライゼーション（概念化）」ができることを強調しているが、やはりミッションや理念をはっきり持っていることが肝心で、それが基盤となる。

それでも、サーバント・リーダーシップという社会現象は、偉大で高潔な人がいなければ絶対に生まれないとは思わないでほしい。身近で心あたたまるミッションというのもあるのだ。われわれに身近なミニバージョンがあることも、ぜひ知っておいてほしい。

まずはミニ版のサーバント・リーダーを目指そう

池田さんは敬虔なクリスチャンで、奉仕と献身というものをずっと自分の生活信条にしてこられたから、サーバント・リーダーシップの考え方がベースに、自然に備わっていた部分がたしかにあると思われる。しかし、それだけを池田さんのサーバント・リーダーシップのルーツにしてしまうと、われわれには学びようがない部分も出てきてしまう。

第1章で、リーダーシップはリーダーとフォロワーの相互作用から生まれる社会現象だと言いつつも、リーダーになりそうな人、なれそうな人、なったらうまくリーダーシップを発揮できそうな人には、何か持ち味（パーソナル・アセッツ）がありそうだとも述べてきた。第2章、第3章から、池田さんの持ち味もご理解いただけたのではないだろうか。そこから、われわれがサーバント・リーダーに近づくことは可能かもしれない。

たとえば、クリスチャンの経営者であれば、池田さんの持ち味ややり方から、自分がサーバント・リーダーになるための教訓を引き出しやすいだろう。また、キリスト教以外の宗教であっても「ほかの人の役に立つ」とか、「まわりの人々のために」という考え方は必ずあるはずだ。それをベースにしてサーバント・リーダーシップを考えることは可能だ。

では、そうした宗教的なバックボーンを持たない経営者、ビジネスマンは、どうすればよいのだろうか。これまで、ずっとわがままを通してきて、自分のことだけを考えてきたような人はどうすればよいのだろうか。

結論を先に言えば、自分が携わっている仕事への使命感や理念、達成目標があって、軸がぶれない人なら、可能性としてはサーバント・リーダーとして社員や部下をリードすることはできるはずだ。どうしても達成したい目標や、やらなければならないミッションが自分にあれば、そのために動いてくれる人に対しては、何かをしてあげよう、支えようと考えることはできるはずだからだ。

だが、そこまで難しく考えなくても、身近なところでサーバント・リーダーシップのようなものを体験することはできる。池田さんの例をグレート版とすれば、ミニ版である。私のゼミ生である福良智子さんが学生らしい言葉遣いで、「サーバントなリーダー」と言ってのけた世界だ。

社会的なレベルで、会社ならCSRにつながるような世界でなくても、個人レベルで隣のお兄さんが本人も気づかないうちにしてしまうような、ミニ版の「サーバントなリーダー」という姿がある。

普段は自分のことしか考えていないような人でも、ことサークル活動となったり、大好きな彼女のことになれば、なぜか利他的に振る舞えたりする。これがミニ版の「サーバントなリーダー」の第一歩である。

私はそういう身近なリーダーシップも大事だと思っている。そのため、本書でも「刊行によせて」のところから、だれもが愛する人に対してはサーバント・リーダーのように振る舞えるはずだというメッセージを記してきた。

そういうミニ版のサーバント・リーダーシップ、サーバントなリーダーというものを自分なりに考えて、ぜひ実践していただきたい。そのヒントになると思うので、影響力の方向というものを考えてみよう。

リーダーシップは全方位に影響力を発揮する

われわれは普通、リーダーシップは下向きの作用だと思っているから、「リーダーが部下に尽くす」という発想がピンとこないかもしれない。しかし、リーダーシップは影響力の発揮であるから、上下左右いろいろな方向があっていいし、実際にありうるものなのだ。

たとえば友人同士という水平方向。これは2人関係なのでふつうはリーダーシップとは呼ばないが、親友が何かを追求するために旅に出ると言いだしたら、自分が行けなくてもなんらかの方法で親友の力になろうと考えるだろう。そういうレベルであれば、だれでもサーバント・リーダーのような振る舞いができるのではないか。

また、大勢の人を相手にしたハイレベルなリーダーシップではなくても、身近な少人数のグループレベルであれば可能だと思う。たとえば、ゼミの幹事をやることは、みんなのためにというか、どこかでサーバントになるようなところがある。幹事としてみんなの役に立ちたいという自然な感情を持ち、それでみんなが動き出したら、実は自分がリーダーシップをとっていたということは、十分にありうることではないだろうか。

会議の司会も、サーバント的な立場だ。会議が開かれる使命を意識しつつ、参加者の意見を傾聴しつつ、対立する意見も整理しながら、全体として参加者たちに奉仕する。自分も意見を言ってよいが、それでもって牛耳るのが司会の役割ではない。控えることも知らなくてはいけない。司会役のサーバント・リーダーというのもあるだろう。

グレート版は自分からかけ離れているけれども、このようなミニ版であれば、少しは自分にもできるかもしれない——そう思っていただきたい。

2

どんな経験によってサーバント・リーダーへと育っていくのか

うまく「上たらし」をしながら上下に影響力を振るう

自分が周りの人々に奉仕するなどというけなげなことは、なかなかできないという人でも、経験を通じていつしかサーバント・リーダー的に振る舞えるようになっていく、そういう側面があるだろう。中年にもなれば、より若い世代の育成のため、社会の進歩のために、自分も少しは貢献したいという気持ちが出てくるだろう。

だから、生まれつきの要素としてどういう人が向いているのかという観点だけでなく、どのような経験、きっかけをくぐれば、結果においてサーバント・リーダーになれるような人の持ち味を自分も身につけられるかということを考えてみよう。

私がまず指摘したいのは、仕事ができる人は、上の人を動かすのがうまいということだ。直属の上司だけでなく、他部署の上司でさえうまく動かしたりする。しかも、お世辞を言って機嫌をとったり、イエスマンで追従したりするのではなく、自分の意見をはっきり言って、上手に「上たらし」をする。

それができるのは、本人が日頃から真剣に仕事に取り組んでいて、その姿勢が認められているからだろう。また、上司に動いてもらうためにはっきりとものを申すのも、本人が考えるミッション、それを果たそうとする志に支えられたまっとうな意見だからだ。

意味あるものが背後にあって、人に動いてもらう経験を若いときからしている人は、人を動かすうえでの志や信念の重要性を知っているので、のちのちサーバント・リーダーになりやすいのではないかと私は思っている。

われわれ研究者の中にも、自分の研究分野で大御所と言われるような教授に「ごますり」のごとくすり寄っていく人がいるが、いちがいに悪いとは言えない。本人がその研究分野を本当に大事に考えて取り組んでいて、自分の研究成果をアピールするためであれば、それは「志の高いごますり」なのだから、ここぞという場面ではすべきだと思う。自分のためだけでなく、学問の進歩のためにそうしているのなら。そういう、長老もコロッといくほどの若手研究者ほど、よい業績を残し、長じて後進の指導にも熱心にあたるようになるものだ。私はそう思う。

考えようによっては、相手を気分よくさせるという点で、ごますりも奉仕の一形態だと言えよう。それが自分の地位や名声を高めたいという不純な動機によるものであれば見苦しいだけだが、学問の進歩のためというミッションに基づくものであるならば、とても素晴らしい行為になるのではないか。ちょっと横道にそれるようだが、「志の高いごますり」という言葉も、知っておいてほしい。

フォロワーシップの研究を行ったロバート・ケリーは、『指導力革命―リーダーシップからフォロワーシップへ』（プレジデント社刊　1993年）という書籍のなかで、フォロワーでありながらリーダーの間違いを指摘したり、倫理的に問題があるような指示に対しては「ノー」とはっきり言えるような人は、将来は優れたリーダーになる可能性が高いと言っている。つまり、フォロワーとしてリーダーにただ付き従うのではなく、リーダーの考え方や信念、倫理性などを自分なりに評価し、納得したうえで主体的についていくような人であれば、のちのちよいリーダーになるということだ。

これを「上たらし」と考え合わせると、上司やリーダーにとっては上から見て頼もしく、時にかみつくようなこともあるが、困ったときには何も言わなくても動いてくれるような、よい部下でありフォロワーである。そういう人は上司やリーダーのミッションに共鳴しているからこそ、そこからぶれそうになったときに反対意見を言ったりして、上に対して影響力を発揮するのである。

そういう人であれば、自分が部下を動かしリードする立場に立ったとき、自分のミッションに共感してついてくるフォロワーに対しては、自然に支えたり、尽くしたりできるようになる。かつて上向きにやったのと同じことを、今度は下向きにやればいいわけだから。そういう人なら部下たちがやろうとしていることが、自分のミッションに照らして正しいことであれば、それに対していいかたちで支えて、きちんと結果を出せるようにリードすることができるのだ。

こう考えると、ミドル・マネジャーの場合には、上にも下にも影響力を振るうことができるわけだから、サーバント・リーダーシップを試す機会はけっこうあるのではないだろうか。そもそもミドル・マネジャーが下に対してリーダーシップを発揮するためには、上たらしができていなくてはならない。上向きに影響力を振るえなければ必要なリソースを取ってこられないし、部下たちが上から叩かれそうになったときに防波堤になってやれないからだ。

次の世代の役に立ちたいという想い

若いときには「自分が、自分が」と自己中心的な考えや行動をしていた人が、中年期以降になると少しずつ、「他の人のために」という利他的な考えができるようになってくる。それは、中年期にさしかかるころから、人は仕事でもプライベートでも成長の限界が見え始めて、若い世代を育成しようとか、自分が培ってきた技術力や能力、経験などを若い人たちに伝えようとする傾向が強まってくるからである。心理学者のE・H・エリクソンはこれを「世代継承性（ジェネラティビティ：generativity）」と名づけ、中年期以降の発達課題だと指摘した。40代、50代になっても、自分のことしか考えていない人がいたら、その人は成人としては発達不全だ。

20代、30代はバリバリ働き、それなりの成果を出し続けるエネルギーがあったのに、それが下り坂になったときにどういうふうにシフトチェンジするかで、発達課題をクリアできるかどうかが決まってくる。自動車ではオートマティック車が主流になっても、人生の節目のシフトチェンジは、自動的にやってくれるなどと思わないほうがいい。サーバント・リーダーとして自分を磨いていきたい気持ちがあるのなら、シフトノブを「自分のことだけでせいいっぱい」というポジションから、世代継承性のポジションに入れ換えよう。

ギアがそこに定まれば、自分の考え方ややり方を部下に教え、代わりにやってもらうようにしていけばよい。

若い世代の人たちのことを思いやる気持ちがあるのなら、彼らに自分の持っているものを授けたうえで、彼らが考えたやり方でやらせる。情報、リソース、応援の面で支えつつも、思いきって任せることができれば、それがエンパワーメントである。そうやって若い人たちが成長すれば、本人もうれしいだろうし、自分も楽になる。そのうえ、自分ひとりでやるよりもスケールの大きいことができるようになる。それが人を「ケアする」ということである。いつまでも「自分が」にこだわり続ける人はこの能力を獲得できず、やがては停滞や自己耽溺に陥ってしまうのである。

このように次の世代に役に立ちたいとか、部下を育てたい、ケアしたいという気持ちをきちんと行動に出して中年期の発達課題をクリアしている人、言い換えれば「よい年の重ね方」をしている人のほうが、そうでない人よりもサーバント・リーダーになりやすい。そのような人は成人発達の次の段階になって、自己肯定ができ、知恵を持つようになる。その境地に達すれば、ユングのいう老賢人みたいになって、本人は尽くそうと意識しなくても、まわりに尽くせるようになる。

「踊る大捜査線」の和久指導員に見るサーバント・リーダーのあり方

そういう年配者のイメージとして私の頭に浮かぶのは、「踊る大捜査線」というテレビドラマ（ムービーにもなった）で、亡くなったいかりや長介さんが演じていた、和久平八郎という指導員だ。もちろん、いかりやさんの名演技のせいもあるが、私は和久指導員のような人物こそ、サーバント・リーダーではないかとひそかに思っている。

高校を卒業して巡査になった和久は、職人肌の刑事である。警視総監賞21回の実績が刑事としての優秀さを示しているが、出世志向はまったくなく、定年退職するまでヒラの刑事で通した。そして退職後は嘱託の指導員として若い刑事たちの教育係をしている。

和久に部下はいない。偉くなる道はとっくに放棄している。しかし、彼のあたたかい人間性、捜査の達人としての専門性、そしてメンターとしての信頼性に惹かれ、彼からいろいろなことを学ぼうと、若手刑事たちが自然に集まってくる。リーダーシップを発揮すべき職位に就くというのは、偉くなることとイコールではない。職位にかかわりなく慕ってくる人の多い先輩、ベテランがいるし、偉くなくても、みんなが喜んでついていく人がいる。

和久は第一線の刑事たちの意見、考えを聞き、自分の経験をベースに適切なアドバイスを与え、刑事としての職務をまっとうしようとする彼らの捜査活動を支える。サーバント・リーダーは、その意味からはつねに教育者だ。いつもゆったりと構えていて、あくせくしておらず、相手を思う気持ちが１００パーセントだ。そうやって和久は、フォロワーである若い刑事たちに対し、ごく自然にサーバント・リーダーシップを発揮しているのである。

なお、和久のメンターシップについては、私と田柳恵美子さんの共著『踊る大捜査線に学ぶ組織論入門』（かんき出版刊　２００５年）でくわしく分析しているので、そちらを参考にしてほしい。

現場一筋でキャリアを積んできた人が、そのキャリアの最後で若い人たちの教育係を務めることは、技術や知識の伝承だけでなく、ミッションの継承という面でも素晴らしいことだと思うし、そういう教育係はとてもよいサーバント・リーダーになっていくと思う。

ヤマハの調律師の中で、頂点を極めた村上輝久さんが同社のピアノテクニカルアカデミー初代所長となったり、ヤマト運輸で宅急便の立ち上げのときに初代北海道営業所長として現場を支えた加藤房男さんが、同社のＳＤ（セールス・ドライバー）の教育の総責任者になったりする。誠に教育に自然と打ち込めることは、サーバント・リーダーの真骨頂ともいえる。

ミドル・マネジャーがサーバント・リーダーになるとき

ある程度のキャリアを積み、人間的にも成長しなければ、池田さんのようなグレート版のサーバント・リーダーにはなれない。しかしミニ版であれば、ミドル・マネジャーであっても、あるいはもっと若年の人でも、サーバント・リーダーになれる。先にも述べたように、たとえば司会役や、学生さんならゼミの幹事など、その機会はけっこうあるように思う。

ところが、中年と言われる年代になって、部下を持つ中間管理職になっても、人間的に少しも成長していないなと思えるような人もいる。自分のことしか頭になく、だれかのために尽くそうとか、役立とうという気持ちがいっさいないミドル。そういう人には、ミニ版のサーバント・リーダーになることさえ無理とあきらめてはいけない。ごく普通に人と交わり、ごく普通に人を思いやれるのであれば、サーバント・リーダーになるチャンスはあるはずだ。

ミドル・マネジャーは、部下たちが現場で苦労しているのがわかっていても、上の指示には従わなければならないし、下からは、現状をしっかり上に伝えて改めるように言ってほしいと突き上げられる。なんともつらい立場だ。しかし、たとえば上にいる者がサーバント・リーダーで自分の言うことをしっかり聞いてくれて、目標をクリアできるのであれば好きにやっていいと言ってくれれば、自分も部下に対してサーバント的な対応ができるだろう。それは大きなチャンスだ。

また、自分にアサインされた仕事が納得いくもので、使命感を持って目標達成に向かえるのであれば、自分と同じような意識で一緒に目標を達成しようとしてくれる部下に対しては、サーバントとして支えることは可能だ。

とはいえ、いずれのケースもなかなかないという人には、ほかにどんな機会があるだろうか。たとえば、本来業務ではない、プロジェクト的な仕事にかかわるときはどうか。それも、自分の提案が採用されて立ち上げられたプロジェクトを、ある程度までは自分でメンバー選定まで任されるような場合は、サーバント・リーダーシップを試してみる絶好の機会になるはずだ。

ヤミ研究で勝手にやろうと思っていたテーマがプロジェクト方式での研究を認められたときに、そのテーマやアイデアに興味を持って集まってくれる研究開発のメンバーが出現するたびに、当然、プロジェクトの進行過程では彼らを支えようとするだろう。兼務で任されたプロジェクトであっても、そこに夢と使命を感じることができれば、障害を乗り越えてともに進んでいくメンバーに対しては、サーバントとして接することもありうるだろう。

ＮＨＫテレビのドキュメンタリー番組「プロジェクトＸ」で紹介されたいくつかのストーリーは、ミドルが自分の理想や夢を実現するためにプロジェクトチームを立ち上げ、それに共感する人々を巻き込みながら目標を達成するプロセスを描いていた。そこに登場したリーダーたちのなかには、先頭に立ってメンバーを引っ張っていくタイプばかりではない。普段は後ろに控えてお膳立てに余念なく、大所高所から全体を眺め、火急のときにはいちばん過酷な作業を引き受けるような、サーバント的なリーダーが、けっして多数とは言えないが見受けられた。

ミドル・マネジャーが文字どおり中間管理職として上と下の板挟み状態になっているのに、頑張ってサーバント・リーダーになれというのは酷な話だろう。しかし、自分が提案したプロジェクトがスタートしたり、あるいは大きなプロジェクトの一部分であっても、「ここはおまえに任せる」と言われて自分なりに絵を描いたときなどは、自分が目指す方向に部下が動きだしたら、自然とそれを支えるようにするはずだ。

そのとき、社長レベルではないという意味でグレート版まではいきにくいが、気持ちにおいては純粋に、サーバント・リーダーに近づいていることになるのである。

3

サーバント・リーダーシップの表現型はいろいろ

リヤカーを後ろから押すように

サーバント・リーダーシップの基本型は、ミッションに基づいてなんらかの目標を達成するために、フォロワーを支えることである。とはいえ、こうふるまわなければならない、これをやってはいけないというほど紋切り型ではないだろうし、いろいろな表現型があってよいはずだ。

ご本人がサーバント・リーダーシップと言っておられるわけではないが、考え方として近いのではないかと思われるのが、セイコーエプソンの花岡清二社長が選抜型の研修の場で語られたストーリーだ。「リヤカー型リーダーシップ」とも呼ぶべきものである。リヤカー型といってもリヤカーを引くのではなく、後ろから押すのだから、サーバントとして部下を支えることと、ほとんど同じ考え方である。

花岡さんがこのリーダーシップに気づかされたのは、研修でアセスメントの先生から、「今のような厳しいやり方を続けていると、いつか、後ろを振り向いたらだれもついてきていないということが起こりうるので、ちょっとスタイルを考えたらどうか」とアドバイスされたからだった。最初は、短期間しか観察していないのに、「なんだ、失礼な」と頭にきたが、よくよくわが身を振り返ってみると、以前よりもついてくる人間が減っているような気がして、真剣に考えるようになった。幹部候補だけを少人数集めた研修の場で、このエピソードを親身に話された。

花岡さんはプリンターのプロジェクトで、厳しい納期を何度もクリアしたり、ほかの人だったらできないだろうという難局を乗り越えたりして成果を上げてきた。その実績が高く評価され、辣腕マネジャーとして名前をとどろかせたそうだ。部下には厳しく接するので沸点に近づくのが早く、「瞬間湯沸かし器」の異名をとっていたとも聞く。リーダーシップのスタイルも、行くぞといったら胸倉をつかんででも引っ張っていく、強引なものだ。そのため脱落者も当然出るのだが、ついてくる精鋭だけを引っ張っていけばよいと考えていた面があったかもしれない。

こういうリーダーシップは、勝ち続けている限りはメンバーもモチベーションを維持できるし、それに応じたインセンティブもあるだろうから、なかなか問題が表面化せず、何が悪いのか当事者も気づかない。しかし、強いプレッシャーの下でストレスがたまり、何かちょっとしたきっかけで崩壊する危険性をはらんでいる。それをアセスメントの先生は指摘したのだった。

そのアドバイスに思い当たる節があると気づき、素直に受け入れようという気持ちになってからの花岡さんは、リーダーシップのスタイルを改め、プロジェクトの目標についてもなぜそれを目指すのかとか、どうして厳しい納期でそれをやらなければいけないのかといったことを、ミッションの意味合いも含めてきちんと説明するようにした。そして、メンバーたちが納得して動き始めたら、後ろから押すようにしたのである。

それを「リヤカーを押すように」と表現したのだが、そう変えたことで自分もすごく楽になったと述べておられたのが印象的だった。

これは、自分たちのミッションを理解し、厳しい納期であっても目標達成に向けてメンバーが動き始めたら、リーダーの側がそれを後ろから支え、難所では力いっぱい後ろから支えて押すという意味でのサーバント・リーダーシップである。

ときには先頭に立ってリードする

池田さんもおっしゃっているように、サーバント・リーダーシップだからといって率先垂範をしないわけではない。この点はいくら強調しすぎてもしすぎることはない。サーバントだからといって、いつもどこでも目立たず背後に控えているわけではないのだ。ベースとしては、あくまでも支えたり、奉仕したりしてみんなをゴールに向かわせることに専念するが、リーダーとして先頭に立ったり、矢面に立ったりしたほうがみんなの役に立つのであれば、あるいはリーダーが先頭に立たなければあとでみんなが困ることになるような場合は、率先して先頭に立つのである。

オーケストラのコンサート・マスターが、自分の役割を縁の下の力持ちと言いつつ、同時に演奏者の同輩の隊長でもあるというとおり、ここぞという場面で思い切って音を出すうえで、ボウイング（運弓法）を通じてみんなを率先している。

『旧約聖書』の出エジプト記で、モーゼはエジプトで圧制に苦しむヘブライ人を引き連れ、「カナン（約束）の地」へと導く旅に出たとされている。エジプトを出るまではサーバント・リーダーとして公共性と利他性の奴隷たちの後方を歩いていたこともあったであろう。そのモーゼが、海が割れた紅海では奴隷たちの先頭に立った。

映画『十戒』でも描かれたとおり、海がまっぷたつに割れて、その真ん中を歩いていった。そこは海だから、みんな怖くて先頭を歩けない。こうした場面では、奉仕する側のリーダーが先頭に立つことが、メンバーに尽くすことになる。だからモーゼは、（少なくとも映画では）水の壁が切り立つ間を、先頭を切って進んでいったのだ（史実としては、その時代に紅海は干上がっていただけだという野暮な話もある）。

このように、フォロワーたちの安全を図るために急いで行動したほうがよいようなときには、リーダーは率先してフォロワーを導いていく。それこそリーダーシップの原則である、状況に適応したリーダーシップだ。

率先垂範的なリーダーシップがみんなへの奉仕になるという場面で、そういう行動を自然にとれる人こそが、リーダーとして公共性と利他性のレベルが高いのである。

トランスフォーメーショナル・リーダーとしてみんなを巻き込む

サーバント・リーダーはフォロワーを支える。力づくで引っ張るのとは違う。ＣＥＯとしてＧＥの大変革をリードしたジャック・ウェルチのトランスフォーメーショナル（変革型）・リーダーとは違う。サーバントに徹するリーダーは、変革期にはそぐわないように思われがちである。しかし、そうとも言えないようだ。

以前に神戸大学のＭＢＡの授業で、サーバント・リーダーの定義を与えて、こういう人に会ったことがある人は、その人となりを書いてほしいとお願いしたことがある。読んでみると、サーバント的にリードしている人こそが、なんらかの変革を推進したというレポートが多かった。体系的な調査ではないのであくまでも推測の域にとどまるが、これは興味深い結果である。

ＭＢＡコースでも、サーバント・リーダーについて議論すると、具体的な人物が思い浮かぶという受講生たちからは、そういうタイプのリーダーこそが、実は、会社や社会を大きく変えようとしているのではないかという意見が出たりもする。

この点については、ロバート・グリーンリーフもほとんど言及していない。「ミッション」の下に大勢の人々を結集してひとつの目標に向かわせるとき、ゴリ押しの力ずくでやる以外の方法もある。到達すべきゴールを示し、納得した人がそこに向けて動き出したら、後ろから支えるように押していく。そのことにより、変革を完遂することは可能だ。池田さんが先鞭をつけ、前田社長が引き継いだのは、そんな大変革（トランスフォーメーション）というテーマだ。

目立つ場面では必ず先頭にしゃしゃり出て檄を飛ばし、旗振りが得意で、声も大きい人が、肝心なところでは姿が見えなかったり、難関に直面すると逃げだしたりする。そういうポーズだけのリーダーにはがっかりさせられる。

これに対して、「縁の下の力持ち」という言葉のとおりに、大騒ぎすることもなく、静かにじっくり変革を導くタイプの人もいる。静かだが芯が通っている人によって変革が導かれたというケースは、意外と多いのではないだろうか。大声を出すヒステリックなリーダーよりも、ハーバード大学のジョゼフ・バダラッコのいうように、静かなリーダーのほうが、むしろ今の時代には大切な役割を果たしていると主張する学者までいる（『静かなるリーダーシップ』翔泳社刊　２００２年）。

もちろん、課題や局面によっては力ずくでも、派手に大声を出して一気呵成にやったほうがいい場合もあるので、どんなときでもサーバント・リーダーシップでいけるというわけではないが、時間をかけて、長期的な取り組みで変革を達成しようとするときには、サーバント・リーダーシップのほうが適合しそうだ。またサーバント・リーダーによる目立たないところでの大きな支えが、変革を成功に導いたことにあとから気づかされることも多い。

サーバントでありながら変革をリードするのもサーバント・リーダーの特徴であり、大きな魅力である。

社会を支えるパブリック・サーバント

サーバント・リーダーシップの表現型とするのは、ちょっと違和感があるかもしれないが、サーバントという言葉からわれわれがすぐに連想するのは、パブリック・サーバントだろう。「公僕」と訳されることが多いが、サーバント・リーダーの考えに準じて言えば、パブリック・サーバントは、公（つまり人々）のよりよき姿を描いて、その実現に尽くすことのできる人のことだ。

パブリック・サーバント・リーダーを極めた人を具体的に考えてみてほしい。ガンジーでも、キング牧師でも、大きなミッションを抱き、かつ独立運動、公民権運動でそのミッションに向かう人々に心から（しかも命をかけて）サービス（奉仕）した。行政も政治も、奉仕の心がベースになくてはならない。

ハーバード大学で行政と政治の世界のリーダーシップを研究しているロナルド・ハイフェッツは、この世界でリーダーシップを発揮するには、文字どおり命をかけることになると強調する。

現場で何が起こっているのかを感知するには、ダンスフロアに自分の足で立たなければならない。しかし、大きな絵（ビッグ・ピクチャー）を描き、それを人々に披露するには、ダンスフロアを離れてバルコニーに立たなくてはいけない。そこならみんなが見えるし、みんなから見られる場でもあるからだ。

しかし、バルコニーはとても危険な場所でもある。政治や行政の世界で大きな改革をするには、草の根の支援者だけでなく、随所にいる反対者とも粘り強く接触する必要がある。バルコニーは目立つので、そこに立っている間に、(ガンジーやキング牧師がそうであったように)暗殺されることもあるのだ。だから、命がけなのである。パブリック・サーバント・リーダーには、それだけの覚悟が求められる。

バダラッコによれば、そのような人が持つべき着眼力には、3つの要素がある。ひとつは、先に触れた「大きな絵(big picture)」。2つめが、「注意の焦点(attention focus)」、3つめが、「優先順位とシナリオ(prioritized scenario)」だ。

大きな絵、高い志をバルコニーでみんなに見せて訴え、一方で、ダンスフロアに下りて人々の動きのなかで、どこに焦点を合わせて注意力を喚起すべきかを知る。そして、大きな絵を実現するためにどのような道筋をたどればよいのかのシナリオを書き、各ステップでの活動で優先すべきものの順序づけができていることが望ましい。ここまでの着眼力がなければ、パブリック・サーバント・リーダーたりえないのである。

スタッフ部門に必要なサーバント・リーダーシップ

国民や地域住民に行政サービスを提供する立場にある行政機関にサーバント・リーダーシップの考えが求められるように、会社などの組織のなかで現場の人間にさまざまな支援サービスを提供するスタッフ部門にも、サーバントとして振る舞う意識が求められる。

人事部門や情報システム部門だけでなく、経理部門、法務部門も、資材調達部門も、専門性を盾に会社のなかでそれぞれの城を構えているが、本質的にはライン部門にサービスを提供することがミッションである。軍隊組織においても、スタッフ（参謀）の機能は助言とサービスである。ちなみにサービスは、英語圏の人にとっては「奉仕」を意味する言葉でもある（サーバントと同じく、サーブ、つまり奉仕するという動詞から派生している）。

たとえば、人事は本来、ライン・マネジャーの仕事であるが、ライン・マネジャーが採用から教育研修まですべて行うと大変なので、それをサポートし支えるのが人事部門の役割となった。その一方で、ラインが間違った人の使い方、育て方をするといけないので、人事部が正しい人の育成方法や扱い方をルール化し、ラインに啓蒙・教育しているのである。したがって、ミッションに従って、ライン・マネジャーが頑張っている限りは、人事部門としてライン・マネジャーを支え、尽くすという考えでいるべきなのだ。

同様に法務部門は、コンプライアンスの番人のように監視の目を光らせる「警察」役ではなく、ライン・マネジャーが法律上の判断で迷ったり、知的財産の管理や保護の仕方で頭を悩ませたりしているときに、アドバイザーとして適切な助言を与えたり、管理システムの設計を支援したりすることを自分たちの使命と考えて、ラインに奉仕すべきなのである。

本社のスタッフは、すべからくそうあってほしいと私は思っており、本社という場がサーバント・リーダーシップのひとつの有望な適用の場だと考えている。

池田さんは、「日経ビジネス」のコラムを通じてサーバント・リーダーシップという考えに興味を持たれた。そのコラムで、私が書こうとしたのは、社員に奉仕する本社スタッフというアイデアだった。

「われわれ感情」を引き出すリーダーシップ

以前に、ＮＴＴデータとそのゆかりの会社の会合で、「サーバント・リーダーとハッピーな社員」というテーマで講演をしたことがある。それを聞いてくださった家田武文さんから、長い感想文をいただいた。家田さんは長年、人材教育に携わってこられた方で、現在はNTTデータの人事部部長兼NTTデータユニバーシティの社長である。そういう専門家がサーバント・リーダーシップをどうとらえているかは、私だけでなく読者のみなさんも興味を持つと思うので、ご本人の承諾の下に一部を紹介させていただく。

「サーバント・リーダーシップの適切な（というよりわたしなりの）解釈は、下記のようなものです。

人によっては、サーバント・リーダーシップを定常期＝安定期に力を発揮するリーダーシップと言う人もいますが、わたしは、このサーバント・リーダーシップは、むしろ変革型リーダーシップの一形態であるともとらえられると解釈しました。なぜなら、このスタイルは、状況や変化に応じて変えることが可能なスタイルであり、また柔軟に多くの力を結合したり解体することが可能な、フレキシブル・リーダーシップだと思うからです。実際問題として、意識の高揚を伴う、大きな変革期のリーダーは（すべてでないことはもちろんですが）サーバント・リーダーであることが多かったということが、歴史で証明されているのではないでしょうか。

このサーバント・リーダーシップは、メーカーの開発やマーケティングの現場はもちろんですが、今後はシステム開発のプロジェクトでも、こんなスタイルが求められると思います。といいますのも、システム開発は、今までは、プロジェクト・マネジャーが要件定義に基づいて設計し、工数とスケジュールを見積もって、その線表どおりの管理をするというものが多かったと思います。

しかし、もともとシステム開発は、失敗をどう是正するかも大きなポイントであり、その対応の質によって、システムの優劣や納期どおりかどうかが決まります。その意味では、従来型の牽引型・管理監督型のマネジメントやリーダーシップでは立ち行かなくなります。実際、昨今は、そのようなものが多いのです。

その意味で、失敗は成功の母であることをよく認識し、失敗からいかに学ぶかが求められます。ここに、サーバント・リーダーがいるかいないかによってプロジェクトの効果性が問われることになるでしょう。そのような意味で言うと、リーダーシップ・シェアリングなども視野に入れた、もっと広範囲の概念になるのかもしれません。

さて、サーバント・リーダーシップの今日的な意味には、変化を加速させる機能もあると思います。しかも、それは強引にではなく、人々の意識の高揚を伴って、自然発生的に、かなりのスピードで多くの人を巻き込めるかどうかが問われるものです。

真の意味の変革にはエモーショナルなものの高揚が欠かせないと思いますが、それをこのリーダーシップスタイルは可能にするということです。とくに“We Feeling”（われわれ感情）の出現の仕方は、他のスタイルでは見られないと思います。その意味で、メンバーの相性も大きく問われることは間違いないのですが。

現実場面で、このスタイルの効果性をいうと、昨今のビジネスは、成功にしても失敗にしても、個人に特定できるものは少ないことから、「みんなでやった」という感覚を醸成し、納得感を持たせるのに効果的だと思います」

サーバント・リーダーシップが変革期のリーダーシップとして十分に効果を期待できるフレキシビリティを備えているという家田さんの指摘は、ナチュラルで説得力がある。

また、開発など創造的な場で主流となりつつあるプロジェクト・マネジメントの場において、いたずらに過剰管理に陥ることなく、失敗から学ぶ柔軟性を確保したり、「われわれ感情」を醸成したりするには、サーバント・リーダーの存在が必須になるというのもうなずける。

このように人材育成の実践者から見ても、サーバント・リーダーは今のビジネス社会で大いに活躍する場があり、期待されてもいるのである。

4

〈ミニ版〉サーバント・リーダー入門

応用分野は広い

神戸大学に勤めている私は、少なくとも大学の独立法人化前は国家公務員であり、いわゆるパブリック・サーバントであったが、今、多くの公務員は自分がパブリック・サーバントであることを忘れているように思える。公務員はなんのために存在するのかといえば、それは公に奉仕するためだ。大学でいえば、学生、地域社会に奉仕するのである。

思えば、国立、公立の機関だけでなく、企業のCSRや社会貢献が期待される時代だ。

学校での教師などは、その役割から考えても、児童、生徒、学生に尽くす自然な気持ちがとても大切なはずだ。同時に、教師や指導者でもあるわけだから、どこかで、奉仕すること指導することを、両立させるべき分野の代表格のひとつだろう。

また、医師や看護師も、サーバントとして患者の役に立つことを第一義に考えてくれているとと希望したいが、併せて、患者が病気を克服できるようにリードしていくことも大事な任務である。したがって病院の理事長や院長や看護部長クラスになれば、やはりサーバント・リーダーシップが必要になる。

第1章で紹介したアメリカのグリーンリーフ・センター長であるラリー・スピアーズは、サーバント・リーダーシップの実践への応用・適用領域として、237ページの表のようなものを挙げている（後半の⑦から⑪の項目は金井が追加した）。

第1は、制度のモデルとして考えられる組織体である。グリーンリーフは財団の理事やそのコンサルティングをしていたので、組織や部門そのものにもそういう発想が必要だと痛感していた。学校、病院、企業などを、より広い社会に対してサーバント・リーダーとなるべき組織と考えたのであった。

学校を例にとるなら、学校が社会に貢献してこそ、社会をリードしていく存在になれるという意味で、学校をサーバント・リーダーとして見るような考え方である。さらに、そのなかの部門、たとえば技術志向のイノベーティブな会社であれば、研究所が会社というより大きなシステムに奉仕することで、会社のなかでリーダー的存在になるということもある。あるいは先述したスタッフ部門も、ラインに対してサーバント・リーダーたりうる。

もちろん、組織や部門が、全体としての制度もしくはその中の制度ユニットとしてサーバント・リーダーになるというのは言葉の綾なので、学校や病院の理事長、企業の社長ならびにそれぞれの部門長が、自組織の公共性を、あるいは他部門に対する自部門の役立ち方を、自認する度合いに応じて、サーバント・リーダーシップを学び、身につけるべきだ。

第2にスピアーズが注目するのは、非営利財団の理事の教育と訓練である。財団に限らず、NPOはじめ今日ではさまざまな非営利団体の社会的存在感が高まっている。そうした団体では当然、社会的に意味のあるミッションの下にさまざまな活動がプログラミングされる。それらが正しく実行されるよう、団体のトップである理事はサーバント・リーダーとして組織を動かしていかなくてはならない。

第3に、コミュニティ・リーダーシップ・プログラムが挙げられているが、これはアメリカに比べて日本では遅れている点だろう。地域社会のなかで必要とされる活動の諸分野で、そこに貢献し奉仕できる力を持った人がリーダーシップを発揮することで、地域の住民に喜ばれるような草の根の活動が盛んになる。

第4に、大学生や高校生などに、若いころから社会に役立つ活動を経験してもらう奉仕学習プログラムに、サーバント・リーダーシップのアイデアを取り入れるという手もある。

大学や高校での奉仕学習の機関として、アメリカには全米経験教育協会というＮＰＯ機関（NSEE; The National Society for Experiential Education——http://www.nsee.org/）がある。

第5として、リーダーシップの教育一般をスピアーズは挙げているが、私としては、企業などの組織で経営幹部候補になるような人も、この考えを学ぶべきだと思っている。少なくとも、こういう考えがあることは知っていてほしい。

第6は、個人の成長と発達（personal transformation）を促す機会として、サーバント・リーダーシップの発揮が挙げられている。たとえば、チャイルドケアというミッションを果たそうとしている社員をトップが支えるような職場環境では、社員は持てる能力をフルに発揮して仕事に取り組む。それが社員の成長と発達に好影響を及ぼすであろうことは、想像に難くない。

しかし、それだけでなく、サーバント・リーダーシップのような影響力を発揮することは、そのリーダー役の人自身にとっても、よい成長・発達機会になると私は思っている。コミュニティ、自治会などの活動でサーバント・リーダーとなって地域社会に貢献したり、仕事の場でも、経験を重ねるにつれて、以前よりもうまくリーダーシップを発揮できるようになること自体、人の成長・発達の証だと思っている。

サーバント・リーダーシップを適用してみたい分野
（スピアーズが指摘するものを中心に）

① 制度のモデルとして学校、病院、企業
（さらにそのなかの部門）

② 非営利財団の理事の教育と訓練

③ コミュニティ・リーダーシップ・プログラム

④ 奉仕学習プログラム　大学や高校でのservice learning
（NSEE; The National Society for Experiential Education）

⑤ リーダーシップの教育

⑥ 個人の成長と発達（personal transformation）

（以下は、金井がスピアーズのリストに追加）

⑦ 会社の経営幹部候補のリーダーシップ研修

⑧ 奉仕、社会貢献の色合いの濃い組織、運動組織

⑨ 奉仕、社会貢献の要素を中心に含む職業訓練

⑩ パワー動機にからむと不祥事などが起きやすい組織の防御策、
コンプライアンスの一部に

⑪ パブリックサーバントだったはずの公務員（公僕）の
採用や研修

出所　Larry Spears (1995). "Servant Leadership and the Greenleaf Legacy," in *Reflections on Leadership: How Robert K. Greenleaf s Theory of Servant-Leadership Influenced Today's Top Management Thinkers,* edited by Spears, PP.8-12

以上が、スピアーズが挙げるサーバント・リーダーシップの適用分野である。それと部分的に重なるものもあるが、次のような分野も有望だろうと私は考えている。

ひとつには、会社の幹部候補生を対象にしたリーダーシップ研修において、基盤の哲学としてサーバント・リーダーシップを教えることは、有効だという感触を持っている。リーダーシップを発揮することは、カリスマになったり、パワフルに振る舞ったりすることと同義ではないことを知るために、また、上に立つ人ほど謙虚にならなければいけないし、人に感謝する気持ちを持たなくてはならないことを知るためにも大事だ。

第2として、もともと奉仕、社会貢献の色合いの濃い組織、運動組織、たとえば病院、学校、福祉施設、生活協同組合のリーダー格の選抜と教育に最適なプログラムとなりうる。私自身は、この分野では、地元のコープこうべの研修にしか携わったことがないが、サーバント・リーダーという発想と行動は、「愛と協同」「ひとりは万人のため」「万人はひとりのため」「組合員のため」というこの運動組織には、よく適合するだろう。

第3にこれと関連して、奉仕、社会貢献の要素を中心に含む職業訓練の一環としても有益だろう。ソーシャル・ワーカー、看護師、そして池田さんも言及された教師などがすぐに思い浮かぶ。ゆくゆくは勤務することになる福祉事務所や、病院、学校で、サーバント・リーダー的に実例となる人に直接の薫陶を受けることができれば理想的だが、それに先だって訓練段階でサーバント・リーダーの考え方を学ぶことは有意義だろう。教育実習に来た先生が、生徒に奉仕することによってリードするという気持ちで授業に臨めば、ティーチング・スキルは未熟でも、心意気として通じるものが最初から生まれやすいだろう。

4番目に、パワー動機に傾きすぎて社会への貢献を忘れがちな組織のリーダーには、そういう貪欲な誘惑への解毒剤として、サーバント・リーダーシップにふれるのがいいだろう。会社の経営者や政治家、地方自治体の首長など、本来はサーバント・リーダーであるべき人たちの、不祥事がなくならない風潮を是正するために。

第5として、パブリック・サーバントのはずの公務員（公僕）の採用や研修にも、ぜひ入れてほしいものだ。

池田さんの最近の広範な活動が示唆するとおり、こうやって応用領域を列挙すると、サーバント・リーダーシップのアイデアを普及させたほうがいい分野は、かなり広いと思っていいだろう。だからこそ、このアイデアについてしっかり書かれた本、実例を示す本が少なかったことは、マクロ社会レベルでも大いなる不備だといえる。

これから私たちも書き続けるが、いろいろな立場、分野の人の手によって、サーバント・リーダーの実践の書、理論の書がもっと書かれることを願っている。

だれでもサーバント・リーダーになれる

サーバント・リーダーシップは奥行きが非常に深い。松下幸之助がしていたように、心の底から信じている理念があって、その理念に向かっている限りは事業部長に対しても入社2年目の若者に対しても、同じようにサーバントとして振る舞えるような人物を思い浮かべてほしい。サーバント・リーダーという言葉はその場になくても、人間として相当にレベルの高いところで、サーバント・リーダーシップはみられる。同時に、子どもに対する親の行動や、愛する人に対する行動においても同様のことが自然にできている場合も多々ある。だから、身近なレベルでだれにとってもできないことではないはずだ。

一見すると目立たない部分の仕事、日の当たらない所の仕事も、縁の下の力持ちとして自然に行えるのは、当人が目指している目標が崇高であるからだ。結果として、サーバントでありながらリーダーでもありえるようになるころには、しっかりと相手に通じるものも出てくるだろう。そういう影響力を持つのがリーダーシップなのだから。尽くすことにより信頼を得て、しっかり人を導く。思えば、実に自然なことなのだ。

個人の場合であれば、エーザイの内藤社長にならうと、「なぜ自分は生きているのか」という自己規定や、自分の信じているもの、会社であれば、他社にはできない自社ならではの社会的使命、自社にしか生み出せない価値を見い出すことが大切だ。そうしたものを心から信じ、実現するために周りの人たちや社員たちと力を合わせたいという想いは貴い。そのために進んで周りの人たちに奉仕することに喜びを見出せれば、だれでもその人の身の丈に応じてサーバント・リーダーになれるのである。

いきなり大げさな、偉大なサーバント・リーダーを目指さず、さりげなくサーバント・リーダーの世界に入門したいのであれば、先に述べたミニ版の、サーバントなリーダーを入り口にしてみてほしい。

試しやすいシチュエーション

会社のフォーマルな組織で課長とか部長の職にある人でも、インフォーマルな場面でリーダーシップを発揮できていない人はいるものだ、部下の話に耳を傾けるような管理者行動さえできない人も大勢いる。反対に、リーダーシップのレベルが相当に高い人でも、管理システムでがんじがらめになっていて、とてもそれを発揮できないような職場もある。

事情はいろいろなはずだ。だから、サーバント・リーダーシップも、それぞれの工夫でその人に合ったやり方で試せる。そんな場面があったら実行に移してみようというぐらいのスタンスで構えていればよい。

試しやすいシチュエーションとしては、次のような場面が考えられる。

地域住民の手で公園を美しく維持するために交代で掃除をしようと、コミュニティ活動をボランティアでやっていく際にだれかがリーダーシップをとらなくてはならない場面が生じる。会社で管理職の役割を果たすだけでなく、マンションの管理組合の委員、町内会の活動や自治会のリーダー役なども逃げずに引き受けることは大事だ。そういう委員やリーダー役は、サーバントになってみるよい機会だ。わたしの属する研究・教育の世界では、学会の会長や大学の学部長、研究科長はサーバント的なボランティアでないと、つとまらないリーダー職だ。

また会議で司会役（ファシリテーター）になったときなども、少しサーバント的な要素がある。司会役は自分の意見を主張せず、参加者の意見を引き出したり、それをみんなで共有できるように整理したりして、会議が円滑に進むように参加者全員を支える。そして、会議が所期の目的を達成して終了するまで、リードしていくのである。これもまた、ミニ版のサーバント・リーダーシップになるはずだ。

サーバント・リーダーシップは無理してやるものではない。自分のスタイルではないと思ったらやめたほうがいいし、この状況でやったらウソっぽくなるなと思ったら、ぐいぐい引っ張るリーダーシップにすればいい。

この状況ではちょっとサーバント的に振る舞わなかったら成り立たないなと自然に思えたときや、ここは謙虚にいかないとだめだなという場面があったときに、サーバント・リーダーシップが適切だと思えば真摯にそれを信じて実験してみるというのが、いちばんいい入門の仕方だろう。リーダーシップというのはぐいぐい引っ張るだけじゃないということを体験するだけでも、意味があるのではないだろうか。

ささやかでも真剣になれることから始めよう

76・77ページで、サーバント・リーダーの行動に見られる10の特徴を紹介したが、サーバント・リーダーシップを試してみるときに、この10の特徴をすべて実行しようとしたら、とても難しいことになってしまう。

原理原則のつねで、それを全部やらなくてはならないと考えがちだが、そんなことはけっしてない。料理上手になるための10カ条のようなもので、一度に全部マスターしようとしたら、結局何もマスターしないうちに挫折してしまう。まずは、たとえば食材選びに凝ることから始めればよいのだ。

「概念化」や「コミュニティづくり」などはとても難しいから、「傾聴」「共感」「説得」といった、ささやかだけれども真剣になれるところから着手して、少しずつできることを増やしていけばよいのである。

とはいえ、ミニ版であっても本気でやらなければ試行にならないので、どういうときに試すか、ドメインの選択とかフェーズの選択が大事になってくる。

10の特徴のうちどれを試すか、どのようなドメイン、フェーズを選ぶかはあなた次第だが、そのときに気をつけてほしいのは、無理せずに行えるかどうかということである。無理は禁物。その意味でも、子どもとの関係とか、好きになった人との関係は、いい入門コースになると思う。

サーバント・リーダーシップについてもっと知りたい人のために

本書を読んでサーバント・リーダーシップに興味を持ち、これについてもっと知りたいと思う人が大勢出てくることを、私たちは望んでいる。また、本書から刺激を受けて、この考えを実践する人がひとりでも多く増えることを願っている。さらに、経営学や他の学問領域でのリーダーシップ研究者のなかから、サーバント・リーダーシップの研究が生まれることを希望している。

残念ながら、サーバント・リーダーシップに関して日本語で書かれたものはまだ著作も少ないし、訳書も多くないが、このアイデアをもっと知りたい、もう少し掘り下げたいという読者のために、現時点で入手可能な本、情報等を紹介しておこう。

まず、次のウェブサイトを訪ねてみることをお奨めしたい。ロバート・グリーンリーフ・センター・オブ・サーバント・リーダーシップというＮＰＯ機関がある（http://www.greenleaf.org/）。

ここは、社会性、公共性の高いサーバント・リーダーシップという実践的アイデアを生み出してくれたロバート・グリーンリーフ（Robert K. Greenleaf １９０４年—１９９０年）の功績を称えるだけでなく、そのアイデアを普及させ、アイデアに基づくさらなる実践を支援し、併せてサーバント・リーダーシップにかかわる大会の開催や研究の推進、出版を行う機関である。前身は、グリーンリーフ自身が1964年に、公共的な倫理を広めるために開設した研究所で、1985年にグリーンリーフ・センターと改称し、グリーンリーフの没後も活発な活動を展開している。「会報」もこのサイトから自由にアクセスして読めるし、これまでサーバント・リーダーシップについて書かれた文献書誌もアップロードされていている。

今から4、5年前だろうか、日本ドレーク・ビーム・モリンの専門スタッフの方々が、神戸大学の金井研究室へキャリアの問題について取材にいらっしゃった。そのときに、話が少しそれて、サーバント・リーダーを広めたいと語った。とりわけ、日本にも普及活動の支部があったらいいのにという思いをもらした。グリーンリーフ・センターはアメリカのインディアナ州インディアナポリスにある。イギリスやカナダ、オーストラリアなど各国にも支部がある。なのに、当時は日本支部にあたるものがなかった。それで、日本にもあったらいいのだがという話をしたのであった。そのときの取材スタッフのひとりだった石田量さんが、2004年にグリーンリーフ・センター・ジャパンを開設された（http://www.gc-j.com/）。本家本元のサイトは英語で困るという方は、こちらをまず訪ねていただきたい。この国にこれができたのは、うれしいことだ。

サーバント・リーダーシップのような発想法、行動の仕方、組織や社会への貢献のあり方は、この人ならという実例なしに紹介することは非常に難しい。だから、これまでの著作でも対話が用いられたり、小説仕立てにしたりという工夫がされていた。

たとえば、『1分間マネジャー』シリーズで名高いケン・ブランチャードは、池田さんも第2

章で触れてくださったとおり『新リーダーシップ教本』（生産性出版刊　２０００年）という著作において、ビジネスマンと学者と聖職者の対話というかたちで、サーバント・リーダーシップの考えを描いた。

グリーンリーフ・センター・ジャパンの石田さんは、ジェームス・ハンター著『サーバント・リーダーシップ』（ＰＨＰ研究所刊　２００４年）の邦訳を出版した。この本では、小説のかたちでサーバント・リーダーシップのエッセンスがわかりやすく描かれている。

対話、寓話、小説仕立てのよさもあるが、私としては実際にサーバント・リーダーシップを体現して活動なさっておられる方とコラボレーションしながら、この日本でもそういうリーダーシップが可能であることを描きたかった。それが本書にほかならない。

私自身は、実例もなく、かといって小説にして書く力量もないので、『組織を動かす最強のマネジメント心理学』（中経出版刊　２００２年）という著書のなかで、サーバント・リーダーシップについて紹介を試みたことがある。また、警察組織を素材にしたテレビドラマ、また好評のムービーがあったので、そのシナリオや場面に基づき、現場の第一線に奉仕するリーダーのあり方について、『「踊る大捜査線」に学ぶ組織論入門』（かんき出版刊　２００５年）でも、少しは言及した。この映画、テレビのシリーズがお好きな方は、そちらもご覧いただきたい。

また、実例が存在するどころか、サーバント・リーダーシップを自ら発揮し、サーバント・リーダーシップの考えに基づいてリーダーシップ育成を行うアメリカン・リーダーシップ・

フォーラムという全米組織を創設したジョセフ・ジャウォースキーの自叙伝『シンクロニシティ』の邦訳（英治出版刊　２００７年）が本書に先立って出ることになった。私はそれを監修するだけでなく、長い解説を書かせてもらった。最初はそういうつもりではなかったある弁護士が、いろいろな出来事をきっかけに、公共性、社会性に目覚め、サーバント・リーダーシップの旅に出る話がそこには描かれている。

このジャウォースキーが出会った最も大切な文献が、オレンジ色の小冊子で、（まだ書籍にまとめる前に）グリーンリーフが１９７０年にまとめた名作〝The Servant as Leader〟だ。これは薄い冊子なので、英語の苦手な人でも辞書と格闘すれば読めるだろうと思って、神戸大学の金井ゼミの学生にも推薦してきたが、福良智子さんという学生のひとりが「サーバントなリーダー」について卒業論文を書く際に、その邦訳があるのを見つけてくれた。それは、なんと、（思えば大いにありえることだったのだが）石田量さんの訳で、グリーンリーフ・センター・ジャパンから頒布価格６００円で入手できることがわかった（http://www.gc-j.com/bk01.html から発注可能）。

サーバント・リーダーの考えをきちんと知りたいと思ったら、やはりなんといっても、グリーンリーフ本人の言葉にふれるのがいちばんいい。薄い冊子ではあるが、そこに基本となる考えが凝縮されているので、ぜひ読んでいただきたい。

おわりに

「生命（いのち）とは、人間それぞれに与えられた時間です。その時間をどう使うかは、人それぞれです。自分のために使うだけでなく、お父さん、お母さんのために使うのもすばらしいことだと思います。ましてや、お友だちや近隣の人、広く社会のために使うのであれば、もっとすばらしい。みなさんも与えられた時間をどう使うか、一人ひとりが考えて、できれば自分以外の多くの人のために使ってください」

これは、私が理事長兼院長を務めている東洋英和女学院の小学部の子どもたちに、「いのちの授業」と題して日野原重明先生がしてくださった話である。1年生から6年生までの子どもたち全員が、真剣に聴き入っていた。私も話をうかがっていて深い感銘を覚えた。日野原先生の、子どもたちを瞬時に惹きつける話のたくみさもさることながら、「いのちの授業」には、生命の尊さを思う気持ちと、父親、母親をはじめとする自分の周りの人々への感謝の気持ちが溢れていた。子どもたちの心に強く響いたことだろう。

私は、つねづね、人は世の中や自然から「与えられ」「生かされている」と考えている。だから、われわれが生きるということは、日野原先生が言われるように、すべてのものにお返しをすることだと思う。自分ができることで返せばよいのである。

「各々の賜物をもって、お互いに仕え合う」

これは聖書の言葉だが、人間本来の姿であると思うし、サーバント・リーダーシップの根底にある精神でもある。

最近、私は人前で話す機会を与えられると、「隣人愛」について話をする。病む者、苦しむ者に対し、愛の手を差し延べる。知人のみならず、まだ出会ったことのない人にも愛情を注ぐ。これは実際難しいことである。しかし、まず自分ができることで周りの人を支える。周りの人に思いやりの気持ちを注ぐ。それが広がっていくと郷土愛、そして祖国を愛する心になり、さらには地球を愛する心につながる。このような話をさせていただくのは、今日の世相をみると、隣人愛の精神が失われつつあるように思われてならないからだ。

周りに気を配り、思いやることは、お互いの立場を察し合う想像力と、相手にわかりやすく伝える表現力がなければできない。地域コミュニティーにおける関係性が希薄になっているのは、人々のなかでそうした力が弱まっているからではないか。大人たちの姿を子どもたちは見ているのだ。私たち大人こそ、襟を正さなければならない。

2007年5月、東洋英和女学院の院長就任式で、私は「サーバントとして、子どもたちを支える」という話をした。列席いただいた保護者のみなさんや学校関係者にも、「ビジョンを持って子どもたちを支えてほしい」と訴えた。

「サーバントとして子どもたちを支える」ということは、子どもにおもねったり、子どもの言うことを何でも聞くということではない。成長への期待と愛情を基盤にして、善いことは善い、悪いことは悪いときちんと教えること、そして子どもたちに、「こうなってほしい」というビジョンをもって、他者を思いやれる想像力を持ち、個と公のバランスのとれた人間に育つよう、後押しすることである。

子どもたちにしてみれば、理念とビジョンを持った親、先生方に支えられていると感じることが、大きな安心に結びつき、成長への原動力になるのではないだろうか。

昔の親は、子どもたちに「お天道様がみてるよ」「世間様に申し訳ない」と言って、目に見えない大きな存在を教えたものだ。残念ながら、最近ではこういう言葉を聞くことが少なくなった。親のこうした言葉から、子どもたちは公を重んじる心とともに、目に見えないものに対する畏敬の念を教わっていたのである。今思えば、昔の親は、ごく自然にサーバント・リーダーの役割を果たしていたように思う。こうした良き伝統を今一度思い起こし、親や教師がサーバント・リーダーとして子どものしつけや教育にかかわることが、ますます求められていると思う。

こうした精神が必要なのは、子どものしつけや教育の問題だけではない。企業も同じだ。

「お天道様が見ているよ」「世間様に申し訳ない」という気持ちが社員一人ひとりにあれば、不祥事は起こりえない。にもかかわらず企業不祥事が後を絶たないのは、企業の、そして企業人のどこかに、公の精神が欠落しているからではないか。

企業にとって、「顧客重視」「お客さま第一」を標榜するのは、当然のことである。しかし、果たして本当に顧客に対し、家族や隣人と同じように考え、思いやりの気持ちをもって接しているだろうか。私自身を含め、そのことをもう一度みずから問い直すことから出発しなければならないと思う。

公の精神、隣人愛の精神を思い起こし、サーバントとして仕え合い、支え合うことで、21世紀という新しい時代を切り拓いていきたい――これが本書を書き終えて、あらためて強く感じていることである。

サーバント・リーダーシップを実践していくのは、何も難しいことではない。家族や隣人を愛するのと同じ気持ちで、一緒に働いている人たちのことを考え、その役に立つように行動すればよいのである。リーダーシップのあり方で悩んでいる人にこそ、ぜひ取り組んでいただければと思う。

最近は女性の管理職、リーダーも増えているが、サーバント・リーダーの考え方は、女性のリーダーシップのあり方としても参考になるのではないだろうか。

女性のリーダーとして思い浮かぶのはだれだろう。私が最も理想的だと思う女性のリーダーは、マザー・テレサである。マザー・テレサこそ、究極のサーバント・リーダーだと思う。マザー・テレサのように、隣人愛に満ちたリーダーシップを自然に発揮できる女性がどんどん活躍する会社や社会になってほしい。

今回、サーバント・リーダーシップに関する書籍を金井さんと一緒にまとめることができ、本当に有難く思っている。金井さんがまとめたパートをあらためて読ませていただき、大いに触発された。サーバント・リーダーシップの考え方を理論的にすっきりと整理することができたし、リーダーシップのひとつのあり方として、これからの時代・社会に必要な考え方であることをあらためて確信できた。また、対談によって自分の考えを深め、新たな発見もあった。

知的刺激に充ちた経験をさせてくださった金井さんに心より感謝したい。

２００７年10月吉日

池田　守男

【著者紹介】

池田　守男（いけだ・もりお）

◉——1936年香川県高松市に生まれる。61年東京神学大学神学部卒業、株式会社資生堂へ入社、秘書室に配属される。その後、秘書一筋で5代の社長に仕える。取締役秘書室長、常務取締役、代表専務取締役、代表取締役副社長を経て01年代表取締役執行役員社長に就任。「逆ピラミッド型組織」「サーバント・リーダーシップ」の考え方に基づき経営改革に取り組む。03年には2期連続赤字が黒字に転じる。05年取締役会長、06年から現職。

◉——社団法人日本経済団体連合会・少子化対策委員長、東京商工会議所副会頭（税制委員長）、日本商工会議所特別顧問（税制委員長）、教育再生会議委員（座長代理）、公益認定等委員会委員（委員長）、東洋英和女学院理事長兼院長等、多くの公職に就く。

金井　壽宏（かない・としひろ）

◉——1954年兵庫県神戸市に生まれる。78年京都大学教育学部卒業。80年神戸大学大学院経営学研究科修士課程修了。89年マサチューセッツ工科大学（MIT）Ph.D.（経営学）。92年神戸大学博士（経営学）。現在、神戸大学大学院経営学研究科教授。

◉——リーダーシップ、モティベーション、キャリアなど、経営学の中でも人間の問題に深く関わるトピックを主たる研究分野としている。おもな著書に『変革型ミドルの探求』『企業者ネットワーキングの世界』（白桃書房）、『経営組織』『リーダーシップ入門』（日経文庫）、『踊る大捜査線に学ぶ組織論入門』（共著　かんき出版）、『リーダーシップの旅』（共著　光文社新書）、『働くみんなのモティベーション論』（NTT出版）、監訳に『完全なる経営』（日本経済新聞社）など多数ある。

サーバント・リーダーシップ入門《にゅうもん》　〈検印廃止〉

2007年11月5日　第1刷発行

著　者――池田守男＋金井壽宏 ©
発行者――境 健一郎
発行所――株式会社かんき出版
東京都千代田区麹町4－1－4　西脇ビル　〒102-0083
電話　営業部：03（3262）8011㈹　総務部：03（3262）8015㈹
編集部：03（3262）8012㈹　教育事業部：03（3262）8014㈹
FAX　03（3234）4421　振替 00100-2-62304
http://www.kankidirect.com/

DTP――デジカル デザイン室
印刷所――凸版印刷株式会社

ISBN978-4-7612-6473-4 C0034